HISTOIRE DU SOLDAT

Lue, Jouée et Dan[sée]
en Deux Partie[s]

THE SOLDIER'S TALE

to be read, played and danced
in two parts

GESCHICH[...]

gelesen, [gespielt und g...]
in zwei Teilen

Texte de
C. F. RAMUZ

English version by
MICHAEL FLANDERS & KITTY BLACK

Freie Nachdichtung von
HANS REINHART

Musique de
IGOR STRAVINSKY

Edited by
JOHN CAREWE

Percussion part
transcribed and edited by
James Blades

CHESTER MUSIC

(A division of Music Sales Limited)
8/9 Frith Street, London W1V 5TZ

Cover illustration from
C. F. Ramuz: **HISTOIRE DU SOLDAT**, illustrée de
lithographies originales par Hans Erni, 1960,
*avec l'aimable autorisation des Editeurs
André et Pierre Gonin, Lausanne, Suisse.*

Bars 31–40 of *Marche Royale* (60% reduction)

This is one of the more complicated pages from **JWC**. The apparent **B**♭ and **E**♭ in the added trombone part is an oversight—
the piano reduction in **W** has these notes as **C**♭ and **F**♭ (i.e. **B**♮ and **E**♮).

EDITOR'S NOTE

Stravinsky wrote **Histoire du Soldat** in 1918. Its first performance, conducted by Ernst Ansermet, was in September of that year in Lausanne. It was next performed in 1923 in Frankfurt and Leipzig, whilst there had been performances of the Concert Suite from 1920 onwards.

The manuscript of the work as performed in 1918 belongs to the Rychenberg-Stiftung and is in the Stadtbibliothek, Winterthur **(W)**. The publishers J. & W. Chester/Edition Wilhelm Hansen London Ltd. possess a copyist's manuscript (1920) with annotations by Stravinsky and others **(JWC)**. There are differences between these two versions, and the first engraved score (1924) follows **JWC**. It appears that in the years that separate the two versions Stravinsky refined and improved his original ideas, and it is the 1924 version that he always conducted himself.

It is interesting that there are still differences between **JWC** and the engraved score, the most dramatic being *Marche Triomphale du Diable* which is approximately twice as long in the engraved score as in the manuscript. We must suppose that Stravinsky corrected the proofs for the engraved score and occasionally corrected, changed and revised his ideas. Unfortunately the proof sheets with his corrections have been lost, and we must accept the engraved score as representative of his final thoughts.

We have therefore based this new edition upon the engraved score of 1924 and included the further corrections inserted at Stravinsky's request in later reprintings of the miniature score. Very occasionally we have corrected faults overlooked in the first edition where **W** and/or **JWC** are clear. Editorial additions are shown in square brackets.

The notation of the percussion part presents problems. The manuscripts and the first edition appear very inconsistent, and some serious errors even crept into the latter. There has been particular confusion over the Tambour and Caisses Claires. **W** and the first performance details printed in the 1924 score (reproduced on page iv) specified *three* Caisses Claires (Grande, Moyenne and Petite), with no mention of the Tambour. In **JWC** and the 1924 score the Caisse Claire Grande was replaced by the Tambour, with the original Caisse Claire Moyenne becoming the new "Grande". Unfortunately this rescoring was not carried through consistently, so that occasionally the 1924 score and part retain "Moyenne" where they should have read "Grande", and "Grande" where it should have read "Tambour". Chester have in their possession a page of manuscript made by the Paris percussionist with the remark written by Stravinsky:

C'est une feuille qu'un des éxécutants s'est copié par lui et à sa façon; d'ailleurs c'est parfaitement exacte et conforme à la part d'ensemble.

I. Stravinsky, Paris 21/XI/23

This clearly indicates that Stravinsky recognised the problem and that he accepted some solution other than his own notation. We have therefore incorporated into this new edition the percussion part as transcribed by James Blades. In those places where the sources are confused and confusing, e.g. the beginning of *Marche Triomphale du Diable*, we have relied on the practical experience of Mr. Blades who performed the work under Stravinsky's direction in 1957. We hope that all the queries raised by the originals have been answered: on pages 81–88 we reproduce the engraved percussion part of 1924 for those who wish to make a comparison.

There is also considerable inconsistency in the bowing of the violin part between manuscripts and engraved score, between similar phrases in the manuscripts and engraved score, between score and the actual instrumental part, and yet again between all these and the Trio for Violin, Clarinet and Piano. We have not attempted to present a definitive, final version of the violin part—that would be entirely presumptuous.

It is a fact of life that Stravinsky was inconsistent in his notation and on occasions careless; but at the same time he was a practical performing musician who appeared to expect his performers to make their own decisions upon minor inconsistencies. This edition, we hope, is faithful to his character and wishes—practical without being pedantic.

Finally I must record my grateful thanks to Nicholas Hare (Senior Editor, Chester Music) for his outstanding help, patience and expertise in the preparation of this edition, not least in his detective work on the percussion part.

John Carewe, 1987.

NOTE DE L'EDITEUR

Stravinsky a écrit l'**Histoire du Soldat** en 1918. Celle-ci a été exécutée pour la première fois en septembre de cette même année à Lausanne sous la direction d'Ernst Ansermet. Les exécutions suivantes ont eu lieu en 1923 à Francfort et à Leipzig, bien que des exécutions de la Suite de Concert aient eu lieu à partir de 1920.

Le manuscrit de l'oeuvre telle qu'elle a été exécutée en 1918 appartient au Rychenberg-Stiftung et se trouve dans la Stadtbibliothek Winterthur **(W)**. Les éditeurs J. & W. Chester/ Edition Wilhelm Hansen London Ltd sont en possession du manuscrit d'un copiste (1920) avec des annotations de Stravinsky et autres **(JWC)**. Il y a des différences entre ces deux versions et la première partition gravée (1924) suit celle de **JWC**. Il semble que durant les années qui séparent les deux versions Stravinsky a raffiné et amélioré ses idées originales et a lui-même toujours dirigé la version de 1924.

Il est intéressant de constater qu'il y a encore des différences entre **JWC** et la partition gravée, la plus dramatique étant la *Marche Triomphale du Diable* qui est à peu près deux fois plus longue dans la partition gravée que dans le manuscrit. Il nous faut supposer que Stravinsky a corrigé les épreuves pour la partition gravée et a de temps en temps rectifié, changé et révisé ses idées. Malheureusement les feuillets des épreuves avec ses corrections ont été perdus et il faut que nous acceptions la partition gravée comme représentant ses dernières pensées.

Nous avons donc pris pour bases de cette nouvelle édition la partition gravée de 1924 et y avons inclus les corrections ultérieures introduites à la demande de Stravinsky pour les réimpressions suivantes de la partition miniature. Très occasionnellement nous avons corrigé les fautes ayant été faites dans la première édition là où **W** et/ou **JWC** sont évidents. Les adjonctions éditoriales sont mises entres parenthèses carrées.

La notation ayant trait à la percussion pose des problèmes. Les manuscrits et la première édition sont très contradictoires et des erreurs graves se sont même glissées dans cette dernière. Une certaine confusion a régné sur le Tambour et les Caisses Claires. **W** et les particularités de la première exécution parues dans la partition de 1924 (et reproduites à la page iv) spécifiaient *trois* Caisses Claires (grande, moyenne et petite), sans faire mention du Tambour. Dans **JWC** et la partition de 1924 le Tambour a remplacé la Caisse Claire grande, et la Caisse Claire moyenne originale est devenue la nouvelle "grande". Malheureusement, cette restructuration n'a pas apparu de façon suivie tout au long de la partition, ce qui fait que, de temps en temps, la partition de 1924 et la partie gardent l'appellation "moyenne" là où on devrait lire "grande", et "grande" où on devrait trouver "Tambour". Chester a en sa possession une page de manuscrit faite par le percussioniste parisien accompagnée de la remarque suivante écrite par Stravinsky:

C'est une feuille qu'un des exécutants s'est copié par lui et à sa façon; d'ailleurs c'est parfaitement exacte et conforme à la part d'ensemble.

I. Stravinsky, Paris 21/XI/23

Ceci indique clairement que Stravinsky se rendait compte du problème et acceptait une solution autre que sa propre notation. Nous avons donc incorporé dans cette nouvelle édition la partie percussion telle qu'elle a été transcrite par James Blades. Aux endroits où les sources sont confuses et où l'on s'y perd, comme par exemple pour *La Marche Triomphale du Diable*, nous nous sommes fiés à l'expérience pratique de M. Blades qui a exécuté le travail sous la direction de Stravinsky en 1957. Nous espérons avoir donné réponse à toutes les questions engendrées par l'original: pages 81–88 nous avons reproduit la partie de la percussion de 1924 pour ceux qui désirent comparer.

Il y a aussi une inconsistance considérable entre les manuscrits et la partition gravée, entre la partition et la partie instrumentale, quant à la manière de courber l'archet pour le violon et également entre celles-ci et le Trio pour Violon, Clarinette et Piano! Nous n'avons pas essayé de présenter une version définitive et finale pour la partie violon—ceci serait tout à fait présomptueux.

Il est un fait certain que Stravinsky manquait d'esprit de suite pour sa notation et était parfois négligent, mais il avait aussi le sens pratique d'un musicien exécutant qui semble vouloir que ses musiciens prennent leurs propres décisions pour les petites inconsistences. Nous espérons que cette édition est fidèle à son caractère et ses désirs—pratique sans être pédantesque.

Enfin je tiens à exprimer mes sincères remerciements à Nicholas Hare (Editeur Supérieur de Chester Music) pour son aide d'une importance primordiale, sa patience et son expertise pour la préparation de cette édition.

John Carewe, 1987

PREMIÈRE REPRESENTATION, LE 28 SEPTEMBRE, 1918, À LAUSANNE.

C.-F. RAMUZ et IGOR STRAVINSKY

HISTOIRE DU SOLDAT

LUE, JOUÉE ET DANSÉE

Petit théâtre et Costumes
de

RENÉ AUBERJONOIS

Mise en scène des auteurs.

AVEC LE CONCOURS DE M. et Mme PITOËFF

PERSONNAGES

Le Soldat : M. GABRIEL ROSSET ; Le Diable (scènes jouées) : M. JEAN VILLARD ;
Le Diable (scènes dansées) : M. GEORGES PITOËFF ; La Fille du Roi : Mme LOUDMILA PITOËFF
Le Lecteur : M. ELIE GAGNEBIN

ENSEMBLE INSTRUMENTAL sous la direction de M. **ERNEST ANSERMET**

Violon : *M. Closset* ; Contrebasse : *M. Fricke* ; Clarinette : *M. Allegra* ; Basson : *M. de Beir* ;
Cornet à pistons : *M. Schöldlin* ; Trombone : *M. Miene* ; Percussion (triangle, cymbales, tambour de basque,
trois caisses claires, grosse caisse) : *M. Jacobi.*

DEUX PARTIES

PREMIÈRE PARTIE, trois scènes : « *Scène au bord du ruisseau* ».
« *Scène du sac* ». « *Scène du livre* ».

Entr'actes de 20 minutes.

SECONDE PARTIE, quatre scènes : « *Scène devant le rideau* ». « *Scène du jeu de cartes* ».
« *Scène de la fille guérie* ». « *Scène des limites franchies* ».

Details of the first performance as reproduced in the 1924 full score (JWC 44).

ANMERKUNG DES HERAUSGEBERS

Strawinsky komponierte die **Histoire du Soldat** im Jahre 1918. Die Uraufführung, dirigiert von Ernst Ansermet, fand im September desselben Jahres in Lausanne statt. Danach wurde das Werk 1923 in Frankfurt und Leipzig aufgeführt, aber schon von 1920 an wurde die Konzertsuite gespielt.

Das Manuskript des Werkes, wie es 1918 aufgeführt wurde, gehört der Rychenberg-Stiftung und befindet sich in der Stadtbibliothek von Winterthur (**W**). Die Verleger J. & W. Chester/Edition Wilhelm Hansen London Ltd. besitzen ein kopiertes Manuskript von 1920 mit Anmerkungen von Strawinsky und anderen (**JWC**). Zwischen diesen beiden Versionen bestehen aber gewisse Unterschiede; die erste gestochene Partitur (1924) stimmt mit **JWC** überein. In den Jahren, die zwischen diesen beiden Versionen liegen, wurden anscheinend die ursprünglichen Ideen von Strawinsky selbst verfeinert und verbessert, und die Version, die er jedesmal selbst dirigierte, war die von 1924.

Es ist recht interessant festzustellen, daß trotzdem noch Unterschiede selbst zwischen **JWC** und der gestochenen Partitur bestehen. Am deutlichsten tritt dies beim *Marche Triomphale du Diable* hervor, der in der gestochenen Partitur ungefähr doppelt so lang ist wie im Manuskript. Wir müssen wohl annehmen, daß Strawinsky die Korrekturfahnen für die gestochene Partitur korrigierte und dabei manchmal seine Ideen verbesserte, änderte und revidierte. Leider sind die Korrekturbögen mit seinen Verbesserungen verloren gegangen, und wir müssen die gestochene Partitur als die für seine endgültigen Ideen maßgeblichen annehmen.

Deshalb haben wir dieser Neuauflage die gestochene Partitur von 1924 zugrunde gelegt mit weiteren Korrekturen, die auf Strawinskys Verlangen hin in die späteren Auflagen der Miniaturpartitur eingefügt worden waren. Sehr selten einmal haben wir solche Fehler korrigiert, wie sie wohl in der ersten Auflage übersehen worden waren, aber nur, wenn sie in **W** und/oder **JWC** klar genug erschienen. Alle Beifügungen des Herausgebers sind in eckige Klammern gesetzt.

Die Notation für die Parts der Schlaginstrumente war etwas problematisch. Die Manuskripte und die erste Edition stimmen hier nicht überein, und in die letztere haben sich sogar erhebliche Fehler eingeschlichen. Man fand Tambour und Caisse Claires besonders verwirrend. **W** und die Einzelheiten der ersten Aufführung in der 1924 gedruckten Partitur, (wiedergegeben auf Seite iv), verlangen *drei Caisses Claires*, (Grande, Moyenne und Petite), ohne den Tambour zu erwähnen. Im **JWC** und der Partitur von 1924 wurde die Caisse Claire Grande durch den Tambour ersetzt und die ursprüngliche Caisse Claire Moyenne wurde die neue "Grande". Leider wurde diese Umschreibung der Partitur nicht konsequent genug durchgeführt, sodaß manchmal in der Partitur von 1924 und den Partien "Moyenne" beibehalten wurde, wo "Grande" hätte stehen sollen, und "Grande", wo "Tambour" hätte stehen sollen. Chester hat ein Manuskriptblatt in Besitz, das der Pariser Schlagzeuger anfertigte und auf das Strawinsky selbst folgende Anmerkung schrieb:

C'est une feuille qu'un des éxécutants s'est copié par lui et à sa façon; d'ailleurs s'est parfaitement exacte et conforme à la part d'ensemble.

I. Strawinsky, Paris 21.11.23

Damit ist ganz klar erwiesen, daß dieses Problem Strawinsky sehr wohl bekannt war, daß er aber auch eine Lösung anerkannte, selbst wenn sie sich von der seinen unterschied. Deshalb haben wir die Part für Schlaginstrumente so, wie er von James Blades umgeschrieben wurde, in diese Ausgabe einbezogen. An den Stellen, an denen die Nachweisquellen verwirren oder verwirrt sind, z. B. am Anfang des *Marche Triomphale du Diable*, haben wir uns auf die praktische Erfahrung Herrn Blades gestützt, der selbst das Werk 1957 unter der Regie Strawinskys aufführte. Wir hoffen, alle Fragen beantwortet zu haben, die in den Originalen auftreten: auf den Seiten 81–88 geben wir für diejenigen, die gern selbst vergleichen wollen, die Noten der gestochenen Partitur von 1924 wieder.

Auch in den Violinparts besteht in der Bogenführung ein sehr großer Widerspruch zwischen den Manuskripten und der gestochenen Edition; zwischen ähnlichen Phrasen in den Manuskripten und der gestochenen Edition; zwischen der Partitur und den eigentlichen Instrumentalstimmen; und auch wieder zwischen all diesen und dem Trio für Violine, Klarinette und Klavier. Wir haben jedoch keinen Versuch unternommen, einen endgültigen, definitiven Violinpart zu formen—das wäre zu anmaßend.

Es stimmt natürlich, daß Strawinsky sich in seiner Notenschrift inkonsequent verhielt und manchmal nachlässig war, aber gleichzeitig war er doch auch selbst vortragender Künstler, der von denen, die seine Musik aufführten, erwartete, daß sie ihre eigenen Entscheidungen trafen, sollten kleine Unklarheiten auftreten. Wir hoffen, mit dieser Ausgabe seinem Charakter und seinen Wünschen gerecht zu werden—sachlich, jedoch ohne jede Pedanterie.

Schließlich muß ich noch Nicholas Hare (Senior-Editor, Chester Music) meinen aufrichtigen Dank für seine hervorragende Hilfe, seine Geduld und Expertise bei der Herstellung dieser Auflage aussprechen und nicht zuletzt für seine Nachforschungsarbeit in bezug auf den Schlagzeugpart.

John Carewe, 1987

LISTE DES SOURCES ● LIST OF SOURCES ● QUELLENNACHWEIS

Manuscrit ● Manuscript ● Manuskript

W: Stadtbibliothek, Winterthur, Switzerland:
ms. Dep RS 75, 1918.

JWC: Chester Music Limited
copyist's ms., 1920, with
annotations by Stravinsky and others.

Imprimé ● Printed ● Gedrukt
(all published by J. & W. Chester/Edition Wilhelm Hansen London Ltd.)

Suite for Clarinet, Violin and Piano (JWC 222), 1920.
Full score (JWC 44), 1924.
Miniature score (JWC 44b), 1925.
Set of instrumental parts (JWC 43a), 1924.
Piano score (JWC 9712), 1924.
Texte français de C. F. Ramuz, undated.
English translation by Michael Flanders & Kitty Black, 1955.
Freie Nachdichtung von Hans Reinhart, 1925 (revised).

HISTOIRE DU SOLDAT

COMPOSITION DE L'ORCHESTRE.

Une Clarinette.

Un Basson.

Un Cornet-à-Pistons.

Un Trombone.

Un Violon.

Une Contrebasse.

Instruments à Percussion—exécutés par un seul musicien; *Deux Caisses claires* sans timbre, de taille différante; *Un Tambour* sans timbre; *Un Tambour* à timbre; *Une Grosse Caisse*; *Une Cymbale*; *Un Tambour de Basque*; *Un Triangle*.

DISPOSITION DE L'ORCHESTRE.

Trombone.   Basson.   Clarinette.

Contrebasse.   Piston.

Violon.   Batterie.

Chef.

DISPOSITION DES INSTRUMENTS À PERCUSSION DANS LEUR JEU D'ENSEMBLE.

Caisse claire gr. taille   ...   O

Grosse caisse ...   ...   O   O Tamb. (sans timbre).

O ... Caisse claire petite taille.

+

L'Exécutant.

Reproduced from one of the 1924 instrumental parts (JWC 43a).

This differs from the 1924 score (JWC 44) in one respect: "Cymbales" has been replaced with "Une Cymbale".

NOTE BY THE EDITOR OF THE PERCUSSION PART

Note de L'Editeur
pour la partie percussion

Anmerkung des Redakteurs
der Partie für Schlaginstrumente

INSTRUMENTS

ORIGINAL	SUGGESTED EQUIVALENTS
Un **Triangle**	**Triangle** ⎫ mounted on a stand.
Un **Tambour de Basque**	**Tambourine** ⎭
Deux **Caisses Claires** sans timbre, de taille differente	**Snare Drum II** (shallow), with snare release.
	Snare Drum I (medium depth), with snare release.
Un **Tambour sans timbre** ⎫	
Un **Tambour à timbre** ⎬	**Field Drum** (or deep Snare Drum), with snare release.
Une **Grosse Caisse**—une **Cymbale** fixée à la Gr. C..	**Bass Drum** with **Cymbal** attached to hoop (see note iii below).

MALLETS

ORIGINAL	SUGGESTED EQUIVALENTS
Mailloche	1. Bass Drumsticks:
	(a) one with reverse ends of wound fibre or wool to match mallets 2, for use in *Marche Royale*.
	(b) one with reverse end of hard felt, for use in *Marche Triomphale*.
Baguettes en jonc à tête en capoc.	2. Medium-hard vibraphone mallets with stiff cane or ideally wood shafts for striking cymbal ("bois").
Baguettes en feutre	3. Hard felt sticks with cane shafts.
Baguettes minces à petites têtes en éponge	4. Timpani sticks with softish heads, preferably with reverse medium-hard heads for *Ragtime*.
Baguettes en bois	5. Standard snare drum sticks.
Baguettes en baleine tête en feutre dur	6. Hard felt ends on stiff wood shafts. These could be used in *Danse du Diable* where "bag. en baleine" were originally specified).

PERFORMANCE NOTES

i. The percussion part is set out on a single stave and each instrument is allotted its own line, in ascending order of pitch, which remains constant throughout the work.

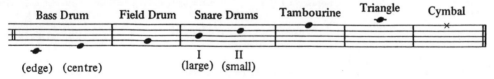

Bass Drum   Field Drum   Snare Drums   Tambourine   Triangle   Cymbal

(edge) (centre)   I   II
(large) (small)

ii. Unless otherwise indicated the bass drum should be struck near the centre and, in general, should be slightly damped for clarity.

iii. The cymbal attached to the hoop of the bass drum should be mounted upside down and struck on the edge with the shaft of the drumstick to produce as near as possible the sound of a pair of cymbals played "military band fashion". According to the eminent American composer and percussionist, William Kraft, Stravinsky, on a specific occasion, approved of the use of the modern hi-hat foot cymbals.

iv. The suspension of the tambourine and triangle should present no problem to the enthusiast. If the tambourine is mounted upside down and struck on the rim with the shaft of the drumstick as suggested, a narrow strip of felt glued to the rim will lessen the click from the shaft of the drumstick and at the same time strengthen the sound of the jingles (see *Marche du Soldat*). In *Ragtime*, when the tambourine and triangle are played together, a triangle beater will serve to strike both instruments, retaining the correct sound from each.

v. The provision of the various double-ended mallets as suggested will contribute towards rapid and noiseless changes.

SUGGESTED LAYOUT OF INSTRUMENTS

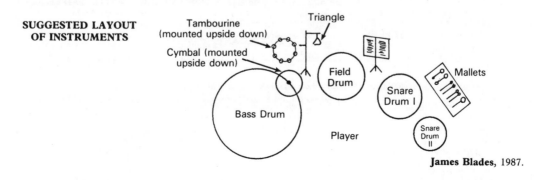

Tambourine (mounted upside down)

Triangle

Cymbal (mounted upside down)

Field Drum

Snare Drum I

Mallets

Bass Drum

Snare Drum II

Player

James Blades, 1987.

Personnages	Characters	Personen
Le Lecteur	The Narrator	Der Vorleser
Le Soldat	The Soldier	Der Soldat
Le Diable	The Devil	Der Teufel
La Princesse (muette)	The Princess (silent)	Die Prinzessin (stumm)

Orchestration

Clarinetto in Si♭/La; Fagotto; Cornet à pistons in Si♭/La;
Trombono; Batterie; Violino; Contrabasso

NOTE DE LA MAISON D'ÉDITION	PUBLISHER'S NOTE	ANMERKUNG DES HERAUSGEBERS
Oeuvre Complète	**Complete Work**	**Das Komplette Werk**

<table>
<tr><td>

Les représentations dramatiques de cette oeuvre doivent comprendre des rôles pour trois interlocuteurs distincts—Le Lecteur, Le Soldat et le Diable. Cette condition requise est absolument inconditionnelle.

Lorsque le texte français original de Ramuz—ou toute traduction—est utilisé, on ne doit y faire aucune coupure ou modification.

Les droits de représentation doivent être négociés avec l'Editeur ou son Agent et sont à payer en même temps que les droits de location pour les parties instrumentales.

Les partitions intégrales ainsi que les parties instrumentales peuvent être louées. Les partitions pour l'étude peuvent être achetées.

</td><td>

Dramatic performances of this work must include parts for three separate speakers—the Narrator, the Soldier and the Devil. This requirement is absolutely unconditional.

When the original French text by Ramuz—or any translation—is used, cuts or alterations in the text must not be made.

Performing fees must be negotiated with the Publisher or its Agent, and are payable together with the hire fee for the instrumental parts.

Full scores and instrumental parts are available on hire. Study scores are available on sale.

</td><td>

Zu dramatischen Aufführungen dieses Werkes gehören unbedingt Partien für drei separate Sprecher: Vorleser, Soldat und Teufel. Dies ist eine absolut unerläßliche Bedingung.

Wenn der französische Originaltext von Ramuz—oder eine Übersetzung davon—benutzt wird, dürfen keinerlei Verkürzungen oder Änderungen vorgenommen werden.

Über die Aufführungsrechte muß mit dem Verleger oder seinem Bevollmächtigten verhandelt werden, und sie müssen zusammen mit der Leihgebühr für die Instrumentalstimmen bezahlt werden.

Komplette Partituren und Instrumentalstimmen stehen nur leihweise zur Verfügung. Studienpartituren sind käuflich zu erhalten.

</td></tr>
</table>

Suite de Concert	**Concert Suite**	**Konzertsuite**

<table>
<tr><td>

Toute exécution uniquement musicale devra s'intituler: **Suite—Histoire du Soldat** et il est demandé que ce titre soit utilisé tout particulièrement sur tous les programmes ou publicités. Ces exécutions ne devraient uniquement comprendre que les parties suivantes:

</td><td>

Any performance which contains music only should be entitled : **Suite—Histoire du Soldat (The Soldier's Tale)**, and it is particularly requested that this title is used on any programmes or publicity. These performances should consist of the following sections only:

</td><td>

Jede konzertante Aufführung muß: **Suite—Histoire du Soldat (Geschichte vom Soldaten)** genannt werden, und es wird vordringlich gebeten, daß dieser Titel in jedem Programm und auf jeder Bekanntmachung erscheint. Diese Aufführungen sollten nur die folgenden Teile enthalten:

</td></tr>
</table>

1. **Marche du Soldat**; 2. **Musique de la Première Scène** (Petits Airs au Bord du Ruisseau); 3. **Musique de la Deuxième Scène** (Pastorale); 4. **Marche Royale**; 5. **Petit Concert**; 6. **Trois Danses** (Tango—Valse—Ragtime); 7. **Danse du Diable**; 8. **Grand Choral**; 9. **Marche Triomphale du Diable**.

<table>
<tr><td>

L'autorisation de représentation doit être obtenue de la SACEM ou l'association affiliée à l'étranger.

Les partitions intégrales et les parties instrumentales pour la Suite peuvent être louées.

</td><td>

Permission to perform must be obtained from the Performing Right Society or its overseas affiliated society.

Full scores and instrumental parts for the Suite are available on hire.

</td><td>

Die Aufführungen müssen in Deutschland der GEMA und im Ausland den entsprechenden Verwertungsgesellschaften gemeldet werden.

Komplette Partituren und Instrumentalstimmen der Suite sind käuflich zu erwerben.

</td></tr>
</table>

<table>
<tr><td>

N.B. Les enregistrements par le compositeur de la **Suite** en 1935, 1950(?) et en 1961 sont contradictoires, comme suit:
1. Marche du Soldat
1935: les barres 10, 62—3, 87 et 91 jusqu'à la fin sont omises.
1950(?): les barres 62—3 et 87 sont omises, la barre 91 n'est jouée que deux fois, ce qui fait qu'il n'y a que trois barres de percussion solo en tout.
1961: les barres 91 sont omises jusqu'à la fin.
3. Musique de la Deuxième Scène
1935 et 1961: finit à la barre 43.
1950(?): à partir de la barre 43 répètez le tout du début en finissant à la barre 14.

</td><td>

N.B. The composer's recordings of the **Suite** in 1935, 1950(?) and 1961 are inconsistent, as follows:
1. Marche du Soldat.
1935: bars 10, 62—3, 87 and 91 to the end are omitted.
1950(?): bars 62—3 and 87 are omitted, and bar 91 is played twice only, making three bars percussion solo altogether.
1961: bars 91 to the end are omitted.
3. Musique de la Deuxième Scène.
1935 and 1961: ends at bar 43.
1950(?): from bar 43 repeats back to the beginning, ending at bar 14.

</td><td>

N.B. Die Niederschriften des Komponisten von 1935, 1950 (?) und 1961 über die **Suite** widersprechen einander wie folgt:
1. **Marche du Soldat.**
1935: die Takte 10, 62—3, 87 und von 91 bis zum Ende sind ausgelassen.
1950 (?): die Takte 62—3 und 87 sind ausgelassen und Takt 91 wird nur zweimal gespielt, im ganzen hat also das Schlaginstrument nur drei Solotakte.
1961: die Takte von 91 bis zum Ende sind ausgelassen.
3. **Musique de la Deuxième Scène.**
1935 und 1961 hören mit Takt 43 auf.
1950 (?): nach Takt 43 wird non Anfang an wiederholt und mit Takt 14 aufgehört.

</td></tr>
</table>

à Werner Rheinhart

HISTOIRE DU SOLDAT

The Soldier's Tale   Geschichte vom Soldaten

Texte de C.F. RAMUZ
English version by Michael Flanders and Kitty Black
Freie Nachdichtung von Hans Reinhart

Music by IGOR STRAVINSKY
newly edited by John Carewe (1987)
Percussion part edited by James Blades

Une petite scène mobile montée sur tréteaux. De chaque côté, un tambour. Sur un des tambours est assis le lecteur devant une petite table avec une chopine de vin blanc; l'orchestre s'installe sur l'autre.

A small stage, mounted on a platform. A stool (or barrel) at either side. On one of the stools the Narrator sits in front of a small table on which is a jug of white wine. The orchestra is placed on the opposite side of the stage.

Eine kleine bewegliche Jahrmarktbühne auf erhöhtem Gerüst (oder auf der Hauptbühne plaziert). Links und rechts ein vorspringendes Podium: für den Vorleser und für das Orchester.

1

INTRODUCTION
Introduction   Einführung

MARCHE DU SOLDAT
The Soldier's March   Marsch des Soldaten

CH 55726

marche de-puis longtemps dé - jà.
Will his jour-ney ne – ver end?
wan-dert, was er wan-dern mag.

4

Suite: omit these two bars.

Lect.: *ritmico*

A mar - ché, a beau-coup mar - ché
1° & 2°{ March-ing home, march-ing on his way
Wan-dert, wan-dert, wan-dert was er mag

**Perc. 53¹⁻². 1924 score: (see p.25, bar 18).

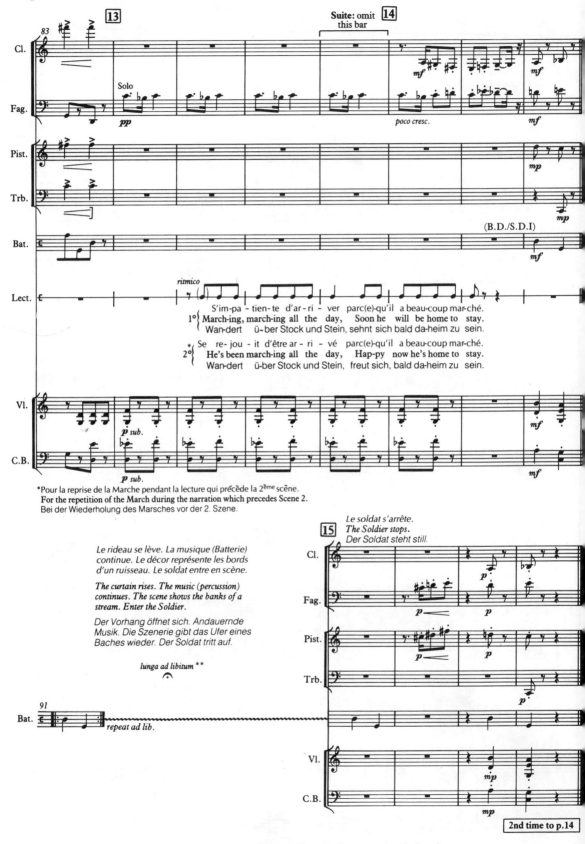

*Pour la reprise de la Marche pendant la lecture qui précède la 2ème scène.
For the repetition of the March during the narration which precedes Scene 2.
Bei der Wiederholung des Marsches vor der 2. Szene.

Suite: this *lunga ad libitum* should consist of two bars before fig. 15 – making three bars percussion solo altogether.

LECTURE

Il n'y a pas, c'est un joli endroit…

Le soldat s'assied au bord du ruisseau.

Mais le fichu métier qu'on a!

Le soldat ouvre son sac.

Toujours en route, jamais le sou…
C'est ça! mes affaires sens-dessus-dessous!
Mon Saint-Joseph qui est perdu!
(c'est une médaille en argent doré avec saint
    Joseph son patron dessus),
non tant mieux!… Va toujours fouillant,
sort des papiers avec des choses dedans,
sort des cartouches, sort un miroir,
(tout juste si on peut s'y voir),
mais le portrait, où est-ce qui'il est?
(un portrait de sa bonne amie qui lui a
    donné son portrait).
Il l'a retrouvé. il va plus profond,
il sort un petit violon.

LE SOLDAT
(accordant le violon)
On voit que c'est du bon marché,
il faut tout le temps l'accorder…

NARRATOR

Phew… this isn't a bad sort of spot…

The Soldier sits down on the bank.

Join the army…! I've had me lot…

The Soldier opens his haversack.

Always on trek, not a penny to bless…
'Strewth, my kit's in a hell of a mess!
Where's my St. Joseph? He looks in his pack
For a lucky medallion he has with the face of
    his namesake, St. Joseph, engraved on
    the back.
Good, there we are! He starts rummaging,
Brings up cartridges – rummages on –
Here's a mirror with most of the silvering
    gone,
Where's her picture? That mustn't be
    missed –
The picture his girl-friend gave him the day
    he went off to enlist,
Ah, here it is! And right in the middle –
He brings out – an old brown fiddle.

SOLDIER
(tuning the fiddle)
It didn't cost much, the tone's not rich,
You have to keep screwing it up to pitch…

DER VORLESER

Ein hübscher Fleck. Da wär gut Bleiben.

Der Soldat setzt sich am Bachufer nieder

Müßt man nur nicht dieses verdammte
Handwerk treiben!

Er öffnet seinen Tornister

Immer marschieren – nie kein Geld.
Das ist's. Man hält
sich über Wasser, schlecht und recht.
Mehr schlecht als recht.
Mein heiliger Josef – weg ist er!
(Das war ein vergoldetes Medaillon
mit dem heiligen Josef, seinem
Namenspatron.)
Nun, hin ist hin… Was gibt's denn da noch
mehr?
Papier mit Krimskrams drin. Munition. Er
wühlt wie wild.
Ein Spiegel (wenn man sich drin sähe). Doch
wo steckt das Bild?
(Das Bild der Liebsten, das sie ihm beim
Abschied gab)
Er hat's gefunden. Er gräbt tiefer noch hinab
und zieht zuletzt aus seinem Sack
eine kleine Geige mit zerkratztem Lack.
Er dreht sie um und um. Der Fund, der macht
ihn stolz.
Die rauhen Finger streichen zärtlich übers
rote Holz,
sie kosen Geigenhals und Steg und Saiten:
das sind die Notenlinien, sagt man unter
Leuten.

DER SOLDAT
(Versucht, die Geige zu stimmen)
Man merkt's: ich habe sie vom Brockenhaus.
Da kommt man aus dem Stimmen nicht
heraus…

MUSIQUE DE LA PREMIÈRE SCÈNE
Music for Scene 1   **Musik für die 1. Szene**

PETITS AIRS AU BORD DU RUISSEAU
Airs by a Stream   **Kleine Stücke am Bachufer**

Le rideau se lève
Curtain rises
Vorhang auf

Le diable paraît – C'est un petit vieux qui tient à la
The Devil appears – He is a little old man carrying a
Der Teufel erschient – Er ist ein kleiner alter Mann,

*Cl. 36²–37². 1924 part: **Cl. 41² and 41⁶. 1924 part has tenuto signs (–).

main un filet à papillons. Tout à coup, il tombe en arrêt. Le soldat ne l'a pas vu.
butterfly net. Suddenly he stops, listening. The Soldier has not seen him.
der ein Schmetterlingsnetz trägt. Plötzlich hält er an. Der Soldat hat ihn nicht gesehen.

Le diable se cache
The Devil hides himself
Der Teufel versteckt sich

VI. 73¹. 1924 part: ***p***

Le diable s'approche du soldat par derrière
The Devil approaches the Soldier from behind
17 *Der Teufel pirscht sich von hinten an den Soldaten heran*

Le diable pose la main sur l'épaule du soldat
Here the Devil steps up to the Soldier who springs up in alarm
Im letzten Takt legt der Teufel die Hand auf die Schulter des Soldaten, der erschrocken auffährt

LE DIABLE	DEVIL	DER TEUFEL
Donnez-moi votre violon.	Give me your fiddle.	Gebt mir die Geige!
		DER SOLDAT
LE SOLDAT	SOLDIER	Nein!
Non!	No.	
		DER TEUFEL
		Verkauft sie mir!
LE DIABLE	DEVIL	
Vendez-le moi.	Sell it me.	DER SOLDAT
		Nein!
LE SOLDAT	SOLDIER	
Non!	No.	DER TEUFEL
		Legt das Schmetterlingsnetz beiseite und
		blättert in einem Buch, das er unterm linken
LE DIABLE	DEVIL	*Arm trug*
posant son filet à papillons et prenant dans	*laying down his butterfly net and holding out in*	Tauscht sie für dieses Buch!
la main droite le livre qu'il a sous le bras	*his right hand a book he has been carrying under*	
gauche	*his left arm*	DER SOLDAT
Changez-le moi contre ce livre.	I'll give you this book for it then.	Ich kann nicht lesen.
LE SOLDAT	SOLDIER	DER TEUFEL
Je sais pas lire.	Can't read.	Ihr könnt nicht lesen? Ganz egal! Das ist ein
		Buch...
		Man braucht zu lesen nicht, um dieses Buch
LE DIABLE	DEVIL	zu lesen.
Pas besoin de savoir lire.	Makes no difference, there's no need,	Das ist ein Buch... ich sag es euch –, das
C'est un livre, je vais vous dire,	With this book you don't have to read –	sich von selber liest , sich liest für euch.
c'est un livre... un coffre-fort!	It's more than a book... it's wealth untold!	Man schlägt es auf – und man ist informiert.
On n'a qu'à l'ouvrir, on tire dehors...	You've only to open it, lo and behold...	Das ist ein Buch, das wie ein Geldschrank
Des titres!	Bank notes!	funktioniert.
Des billets!	Bearer bonds!	Ihr schlägt es auf – und was ihr wollt,
DE L'OR!	And GOLD!	zeiht ihr hervor: Wertschriften, Noten, Gold!

LE SOLDAT
Faudrait me le montrer d'abord.

LE DIABLE
Je suis parfaitement d'accord.

Il tend le livre au soldat, qui se met à lire, bougeant les lèvres et suivant les lignes avec le doigt.

LECTURE
A terme, à vue, cours des changes…
Pas moyen d'y rien comprendre.

LE SOLDAT
Je lis, c'est vrai, mais je ne comprends pas.

LE DIABLE
Allez-y toujours! ça viendra.

LE SOLDAT
Et puis, aussi, Monsieur, si ce livre vaut tant d'argent,
mon violon, à moi, il m'a coûté dix francs.

LE DIABLE
Raison de plus!…

LE SOLDAT
Eh bien alors, c'est entendu.

Il tend le violon au diable et se remet à lire.

LECTURE
A terme, à vue, cours des changes,
bourse du samedi 31… Quel jour est-ce qu'on est? on est un mercredi, le
mercredi 28… Tiens c'est un livre qui est en avance.
C'est un livre qui dit les choses avant le temps, drôle ça!…

LE DIABLE
brusquement, après avoir inutilement essayé de jouer
Dis donc, tu vas venir chez moi.

LE SOLDAT
Pour quoi faire?

LE DIABLE
Ça ne marche pas!
il te faut venir me montrer.

LE SOLDAT
J'ai seulement quinze jours de congé.

LE DIABLE
Je te prêterai ma voiture, tu iras plus vite qu'a pied.

LE SOLDAT
Et ma mère qui compte sur moi!

LE DIABLE
Ce n'est pas la première fois.

LE SOLDAT
Et ma fiancée qui m'attend aussi.

SOLDIER
Well, I should want to have a look.

DEVIL
Certainly, certainly – here's the book.

He holds the book out to the Soldier, who begins to read, moving his lips and following the words with one finger.

NARRATOR
On sight – Collateral – Note of Hand…
This book's not easy to understand.

SOLDIER
I can read it all right, but it's still Greek to me.

DEVIL
You'll get the hang of it, wait and see.

SOLDIER
But look if it's worth all that money, sir, this little job,
That old fiddle of mine you want only cost a few bob.

DEVIL
So you've a real bargain!

SOLDIER
Right then – it's a deal!

He gives the fiddle to the Devil and goes back to his reading.

NARRATOR
On sight – Collateral – Note of Hand…
Market quotations for Friday the 31st…

What day's today? It's a Tuesday,
Why, it's Tuesday the 28th…
What's this, here's a book that's ahead of the date.
A strange sort of book, it tells you things before they happen!

DEVIL
suddenly, having vainly tried to play the fiddle
Come home with me, now what do you say?

SOLDIER
Why, what's up?

DEVIL
This thing won't play.
You must teach me to make it go.

SOLDIER
I've only ten day's leave, you know.

DEVIL
I shall lend you my carriage and pair,
If you walk you'll be much more slow.

SOLDIER
Mother'll worry if I'm late.

DEVIL
It's not the first time she's had to wait.

SOLDIER
And my girl-friend expects me too–

DER SOLDAT
Das müßt man einem erst erklär'n.

DER TEUFEL
Okay! Nichts, daß mir lieber wär!

Er reicht das Buch dem Soldaten, der zu lesen versucht, indem er die Lippen bewegt und mit den Fingern den Zeilen folgt

DER VORLESER
Devisenkurs. Termin. Auf Sicht.
Man liest, und doch versteht man's nicht.

DER SOLDAT
Kann nicht verstehn.

DER TEUFEL
Wagt den Versuch! Es wird schon gehn.

DER SOLDAT
Und dann noch, Herr, ich sag's euch gleich:
Dies Buch ist teuer, und ich bin nicht reich.
Die Geige kauft' ich mir für lumpige zehn Franken.

DER TEUFEL
Das heiß ich einen Ehrenmann!
Ich weiß euch diese Offenheit zu danken
und biet euch um so lieber das Geschäft –
zum Lohn.
Einmalig ist die Chance. Profitiert davon!
Sagt ja!

DER SOLDAT
Wenn ihr so drauf besteht – nun gut, ich nehme an.

Er gibt die Geige dem Teufel und liest stumm

DER VORLESER
Auf Termin. Auf Sicht. Devisenkurse. Börse vom Samstag, den 31. –
Welchen Tag haben wir denn heute?
Mittwoch, Mittwoch den 28.
Ein Buch, das vorgeht. Ein Buch, das alle Dinge voraussagt. Sonderbar!

DER TEUFEL
Plötzlich, nachdem er vergeblich auf der Geige zu spielen versucht hat
Hör du – komm zu mir.

DER SOLDAT
Wozu?

DER TEUFEL
Du siehst doch hier:
ich hab noch nicht den Dreh beim Geigen.
Mußt zu mir kommen und mir's zeigen.

DER SOLDAT
Muß zu euch kommen? Hm – wohin "zu euch"?

DER TEUFEL
Ein kleiner Umweg nur. Du siehst es gleich.

DER SOLDAT
Die Sach ist die: in vierzehn Tagen,
in vierzehn Tagen ist mein Urlaub aus.

DER TEUFEL
Nur keine Bange nicht: ich habe Roß und Wagen
und führ dich nachher im Galopp nachhaus.

DER SOLDAT
Doch meine Mutter, die schon auf mich zählt…

DER TEUFEL
Als wärst zum erstenmal du draußen in der Welt!

DER SOLDAT
Und meine Braut, die Heimweh hat nach mir…

LE DIABLE
Tu lui revaudras ça dans quelques jours
d'ici.

LE SOLDAT
Où est-ce que vous habitez?

LE DIABLE
Logé, soigné, nourri, blanchi, désaltéré,
ma voiture pour te ramener,
deux ou trois jours, un tout petit détour,
après quoi riche pour toujours…

LE SOLDAT
Qu'est-ce qu'on aura à manger?

LE DIABLE
De la viande, trois fois par jour.

LE SOLDAT
*remettant dans son sac les objets qu'il en a
sortis.*
Et à boire?

LE DIABLE
Du vin bouché

LE SOLDAT
Et on aura de quoi fumer?

LE DIABLE
Des cigares de la Havane à bagues en papier
doré.

Le rideau se baisse.

LECTURE
Eh bien! c'est comme vous voudrez.
C'est comme vous voudrez, je vous dis;
et a suivi le vieux chez lui,
qui se trouve avoir dit l'exacte vérité,
c'est-à-dire que Joseph a eu à boire et à
manger,
et a été soigné comme il n'avait jamais été,
et montra au vieux à jouer
et le livre lui fut montré.
Deux jours valant bien le détour, puis vint
ce matin du troisième jour.
Ce matin-là, le vieux entra; Joseph vit le
vieux qui entrait,
le vieux lui a dit: "Es-tu prêt?
Mais d'abord as-tu bien dormi?"
Et Joseph qui répond que oui.
"Et est-ce qu'on a tenu ce qu'on t'avait
promis?"
Et Joseph qui répond que oui.
"Alors tu es content?" "Oh! oui." "Allons-y!"
Ils montent dans la voiture, la voiture partit.
Seulement, Joseph, tout à coup, s'est
accroché des deux mains aux coussins;
Il ne sait pas ce qui arrive; "Tiens-toi, dis le
vieux, tiens-toi bien!
Attention! dit le vieux, c'est que mes
chevaux vont bon train!"
Joseph qui voudrait se lever, qui voudrait
sauter, pas moyen;
la voiture est montée en l'air,
elle prend le ciel en travers.
"Es-tu content? es-tu toujours content?"
elle glisse en l'air au-dessus des champs;
combien de temps? il n'y a plus de temps…
Puis, de nouveau, c'est comme avant.

DEVIL
You'll make it up to her soon;
She'll be all the more pleased when you do.

SOLDIER
This place of yours, is it abroad?

DEVIL
Wined, dined, all found, full bed and board,
Home in a carriage like a lord,
Two or three days, a step out of your way,
And then you'll be rich as the King of
Cathay…

SOLDIER
What sort of victuals down your way?

DEVIL
Steak, egg and chips, three times a day.

SOLDIER
putting things back into the haversack
And to drink?

DEVIL
Champagne rosé.

SOLDIER
Smoking permitted?

DEVIL
What do you say
To Havana-Havana cigars, now what do you
say?

The curtain falls.

NARRATOR
Well, there you are then, that's the way.
That's how you want it, that's the trick;
Joseph goes off home with old Nick.
And he finds that the old boy doesn't cheat,
New clothes, soft beds, and plenty to eat,
Yes, Joseph is properly done up a treat,
And each shows the other as they undertook
The way of the fiddle, and the way of the
book.
Yes, the old fellow kept his word
Two days well spent – then came the third.
That morning the old man wakes Joseph as
soon as it's light,
And he says: "Are you ready?" And Joseph
says "Right."
"Did you have a good night?"
And Joseph says "Yes,"
And the Devil looks on as he gets up to
dress.
"Have you any complaints?" And Joseph
says "No,"
"Right you are," says old Nick, "Then off
we go."
They get in the carriage waiting below,
And the Devil says "Hup!" and off they go!
Only Joseph watching the horses flying feet
Finds himself holding on with both hands to
his seat
With all his might
Till his knuckles are white,
"Hold tight!" cries the little old man, "Hold
on tight!"
Joseph would like to get up and jump out but
he hasn't a chance,
"Take care!" cries the Devil

DER TEUFEL
Du kommst zu Zeit, ich sag es dir!

DER SOLDAT
Man wird logiert?

DER TEUFEL
Logiert, verpflegt, verwöhnt, soigniert,
vornehm im Wagen dann nachhaus geführt.
Zwei Tage, höchstens drei – und dann
auf Lebenszeit ein reicher Mann!

DER SOLDAT
Zu essen gibt's?

DER TEUFEL
Cuisine au beurre – pikfein!

DER SOLDAT
beginnt, seine Sachen wieder einzupacken
Zu trinken?

DER TEUFEL
Nur den besten Flaschenwein!

DER SOLDAT
Zu rauchen?

DER TEUFEL
Du kennst das goldne Band der Henry
Clay...
Okay?

DER SOLDAT
Okay.

Der Vorhang fällt

DER VORLESER
Nun gut – wie's euch beliebt.
Ich sage: wie's euch beliebt...
Ihn lockt der Wein, ihn reizt der Schmaus,
geht mit dem Alten gleich nachhaus,
findet's so, wie er gesagt:
Speis und Trank, so viel er mag.
Zeigt dem Alten, wie man geigt,
dafür wird ihm das Buch gezeigt.
Zwei Tage sind vorbei – der Lohn fiel
fürstlich aus.
Der dritte Morgen nun – er sehnt sich
doch nachhaus.
Er denkt's – und sieht auch schon den
Alten vor sich stehn.
Der Alte fragt: "Bist du bereit zum Gehn?
Aber zuerst – hast du auch gut geruht?"
"Ja", sagt der Joseph, "'s ging mir gut."
"Was ich versprochen habe, hab ich's nicht
gehalten?"
"Ja", sagt der Joseph abermals zum Alten.
"Zufrieden denn?" – "Und ob!" – "Und hier
mein Wagen!"
– Sie steigen ein. Die Pferde ziehen an –
sie jagen.
Der Joseph klammert sich mit beiden
Händen
am Polster fest und an den Wänden.
"Paß auf! Paß auf und halt dich gut!
Meine Pferde haben besonderes Blut!"
Ihn packt der Schreck – er denkt:
abspringen!
Doch – wohin abspringen?!
Der Wagen braust nicht mehr über Stock
und Stein,
er hat sich gehoben , braust
querhimmelein...
"Zufrieden, mein Freund? noch immer
zufrieden?"
Weit unten sind Felder und Wälder
geblieben.
Sie fliegen: ein Blitz über Land und Meer.
Wie lange Zeit? – Es gibt die Zeit nicht
mehr.

"See how my horses prance!
"They'll lead us a dance,
"They're taking the air!
"Take care!"
And the carriage is suddenly travelling up in
    the air!
Hurtling, rattling, rolling round the sky
And Joseph's hair stands on end, and he
    nearly faints,
"Have you any complaints?" "Have you any
    complaints?"
Higher and higher over valley and hill
Faster and faster, up and up they soar
Till time stands still…
Then everything is as it was before.

Reprise: MARCHE DU SOLDAT (pp.1–6)*

Bravo! ça y est! on est chez nous; bonjour, Madame Chappuis!	Hurray, here we are! We're home at last. Good morning, Mrs. Gray!	Man hat's geschafft. Das Dorf, das alte. "Tag, Frau Beth!"
Elle est dans son plantage, bonjour, comment ça va-t-il?	She's in her garden. Hello there! How's the world with you?	(Sie hackt im Garten) "Tag! wie geht's, wie steht's?"
elle n'entend pas, mais voilà Louis, eh! Louis!	She doesn't hear me, never mind – there's Arthur, Hey!	Sie hört nicht. Aber da der Fritz. "He, Fritz!"
il passe dans le pré sur son char à échelles, c'est Louis, c'est un vieil ami,	Hey! Arthur! He's mowing the five-acre meadow, a good old friend and true…	Er fährt aufs Feld mit seinem Leiterwagen. (Der Fritz, ein alter Freund) Was hat er bloß?
hien, quoi? qu'est-ce qu'il y a? lui non plus qui ne répond pas?	Eh? What's the matter, he doesn't reply?	Auch er hört nicht. "Hee, Fritz, was ist denn los?
eh! Louis, tu ne me reconnais pas, ou quoi?	Arthur, hi! Don't you know me, why	Ich bin's, der Sepp, dein Freund, antworte doch!
Joseph, Joseph, le soldat,	It's Joseph – Joseph the soldier – Jo!	Sepp, der Soldat. Du kennst mich sicher noch."
Joseph, tu te rappelles bien,	You remember him! You *know!*…	(Der andre geht weiter.
(l'autre continue son chemin,	The mower mows on, and on we go.	Er auch):
il continue aussi le sien);	And there's the school, with the tower and the bell,	Und da das Schulhaus mit der Glocke in dem Giebelreiter.
et voilà la maison d'école, avec sa cloche et les engins,	Joseph, old Jo, you remember him well!	– Schaut her, der Sepp, ich komm in Urlaub heute! –
Joseph, Joseph, vous vous rappelez bien!	Here's the mill, the inn, now villagers everywhere,	Und da der Dorfplatz. Vor dem "Bären" viele Leute.
voilà le four, voilà l'auberge et partout des gens, à présent,	Men, women and children stand and stare,	Männer, Frauen, Kinder.
des hommes, des femmes, des enfants,	What's the matter? What's up with the lot of you? What's got	Doch was ist hier los??
qu'est-ce qu'il y a? qu'est-ce qu'il y a?	Into you all? Are you afraid of me, or what?	Haben sie etwa Angst vor mir?
est-ce qu'ils auraient peur de moi?	You know me! All of you there!	"Ihr kennt mich doch, den Sepp, bin doch von hier!"
vous vous rappelez bien pourtant,	Joseph! No one speaks	
Joseph!… Mais une première porte s'est fermée, une autre porte s'est fermée.	And then a door slams, and another slams, and more and more,	Ins Schloß fällt eine erste Tür. Und gleich die zweite.
Et une, et une encore, et elles crient, étant rouillées.	And the rusty hinges shriek As every door	Und eine hier. Und eine dort. Und alles sucht das Weite.
Toutes ces portes qu'on entend.	Slams shut. "That's funny," he thinks, "but mother will know.	Er denkt: Gottlob, hab meine Mutter noch. Doch
Et lui alors: "Heureusement!…"	"I'd better go…"	auch sie! Wie sie ihn kommen sieht,
c'est qu'il pense a sa mère: elle l'a vu venir, elle s'est sauvée en criant;	She sees him coming, she screams, and runs away.	schreit sie entsetzt und flieht. Ihr graut.
il se dit ensuite: "J'ai ma fiancée…"	So then he thinks, "There's my fiancée."	Er denkt: Bleibt meine Braut.
Mariée!	Married!	– Verheiratet.
Deux enfants!	With two children!	Zwei Kinder.
Grand silence. Puis sourdement.	*Dead silence. Then, dully*	*Schweigen. Dann dumpf*
Ah! brigand! bougre de brigand!	Eh? Eh??	Du Räuber! mehr als Räuber! Du Brigant!
je sais qui tu es à présent.	The dirty cheat! The dirty rotten cheat!	Nun ja – nun hab ich dich erkannt.
Je comprends, j'y ai mis du temps.	I know who you are at last.	Weiß nun, wo ich inzwischen war.
Fort.	I know what's happened, I know you! I've taken my time about it too.	*Laut*
Ça n'est pas trois jours, c'est trois ans!…	*loudly*	Das waren nicht drei Tage – nein, drei Jahr!
Bas.	It wasn't three *days*, three years have passed!	*Leise*
Ils m'ont pris pour un revenant, je suis mort parmi les vivants.	*softly*	Sie halten mich für ein Gespenst. Bin tot. Tot. Unter Lebenden lebendig-tot.
	They all take me for a ghost, I'm dead among the living.	

Un temps. Puis fort.

Ah! brigand! bourge de brigand! je l'ai écouté bêtement; et c'est vrai que j'avais bien faim et j'étais bien fatigué, ça n'explique pourtant pas pourquoi je l'ai écouté, est-ce qu'on fait attention à ce que les gens qu'on ne connaît pas vous disent? on leur répond: "Je ne vous connais pas", au lieu de quoi, je l'ai écouté…

Le rideau se lève. Le décor représente le clocher du village vu à une certaine distance. On voit le diable en marchand de bestiaux. Appuyé sur sa canne au milieu de las scène, il attend.

j'aurais dû me méfier de lui, au lieu de quoi je l'ai écouté, bêtement je l'ai écouté et je lui ai donné mon violon; ah! malheureux que je suis! et à présent qu'est-ce que je vais faire? et à présent qu'est-ce que je vais faire? et à présent qu'est-ce que je vais faire?…

Pause. Then loudly:

Oh, the cheat! The dirty rotten… And like a fool I went and listened to him. Yes, I know I was tired and hungry, but that's no reason to go listening to the likes of him! Do you take any notice of what people you don't know tell you? No, you say, "I don't know you," but what do *I* do? I listen to him…

The curtain rises. The scene shows the village belfry in the distance. The Devil is disguised as a cattle merchant. Leaning on his cane in the middle of the stage, he waits.

I should have had my suspicions, but no, I listened to him, like a fool I had to go and listen to him, and I gave him my fiddle! Of all the luck! And now what am I going to do? What am I going to do now? What am I going to do now?

Nach einem Weilchen laut

Räuber! Elender Halunke von einem Räuber! Ich Dummkopf hab auf ihn gehört. Sicher, ich hatte Hunger und war zum Umfallen müde. Und doch hätte ich nicht auf ihn hören sollen. Hört man denn auf das, was fremde Leute einem vorplappern wollen? Nein. Man antwortet: "Ich kenne Sie nicht." Statt dessen hab ich auf ihn gehört.

Der Vorhang hebt sich. Das Szenenbild zeigt im Hintergrund den Kirchturm des Dorfes. Man sieht den Teufel in Gestalt eines Viehhändlers, auf seinen Stock gestützt, in der Mitte der Szene, wartend

Ich hätte mich nicht um ihn kümmern sollen. Statt dessen hab ich auf ihn gehört. Ich Trottel hab auf ihn gehört und hab ihm meine Geige gegeben. Pechvogel, der ich bin. Und jetzt — was fang ich an? Was fang ich jetzt an? Was fang ich jetzt an?

MUSIQUE DE LA DEUXIÈME SCÈNE
Music for Scene 2   Musik für die 2. Szene

PASTORALE

*30. Both mss. have a one-bar fermata before fig.4, with the direction: *L'entrée du diable (la musique cesse aussitôt et reprend immédiatement que [JWC: quand] le diable sort de la scène).*

**43. At the fermata both mss.: *Le diable se montre tout à coup — la musique s'interrompt.*
Suite: from this point repeat bars 1-14, stopping before fig.2.

Le rideau se lève. Même décor. Le diable est toujours là, dans la même position.

LE SOLDAT
dans la coulisse
Ah! brigand! bougre de brigand!

Il paraît, le sabre hors du fourreau, et se jette sur le diable.

LE DIABLE
sans bouger
Qu'est-ce que tu vas faire, à présent?

LE SOLDAT
reculant tout en le menaçant encore.
Ah! bougre…bougre de brigand!

LE DIABLE
Tâche de parler poliment!
Et puis, tranquille!… Bon… Tu m'entends?
qu'est-ce que tu vas faire à présent?

Le soldat a baissé la tête.   Silence.

As-tu déjà tout oublié?
Et ce livre bien relié?

LE SOLDAT
Il est avec mes affaires.

LE DIABLE
Alors tu as plus que le nécessaire.
Et puis, tu es soldat, ou quoi?
Fais voir à ces messieurs et dames… *(criant)*
Garde à vous!… bouge plus!… C'est ça!…

Montrant le sabre.

Cache moi ça!

Le soldat remet le sabre au fourreau.

Ote ce sac, pose-le là!…

Il montre le fond de la scène. Le soldat obéit.

C'est ça!… Tu reprends la position…
Garde à vous!… A présent, attention!
Tu vas ôter ton bonnet de police. Mets ça!
Tiens!

Il lui jette une casquette

Elle te va joliment bien
Ote ta vareuse, on te trouvera un veston.
Tu reprends la position.

Le soldat ôte sa vareuse.

Tu reprends la position…
Garde à vous!… C'est pas fini.
Le livre, où est-ce que tu l'as mis?

Le soldat montre le sac.

Ah! oui, tu me l'as déjà dit.
Va le chercher.

Le soldat va à son sac. Le diable l'observe. Le soldat fouille dans le sac et en tire plusieurs objets, le miroir, la médaille.

Non! Rien que le livre! C'est ça!…
A présent, tu reviens vers moi.

Le soldat vient avec le livre à la main.

Curtain rises. Same scene. The Devil is still there, in the same position.

SOLDIER
off
Ah! You dirty cheat, it's you!

The Soldier appears, his drawn sabre in his hand, and attacks the Devil.

DEVIL
not moving
Now what are you going to do?

SOLDIER
falling back, but still threatening him
Ah! You dirty rotten cheat!

DEVIL
Please be a little more discreet,
Do try to behave. Do you hear me, you?
Good. Now what are you going to do?

The Soldier hangs his head.   Silence.

Have you forgotten all I said?
The book I gave you, bound in red?

SOLDIER
Oh, it's somewhere in my kit.

DEVIL
Then you've got all you need, if you've still got it.
And aren't you a soldier? Be one then,
Show the ladies and gentlemen! *(shouting orders)*
On guard! Atten…shun! That's it…
Put that up!

Pointing to the sword. The Soldier sheathes it.

Break ranks and stow your kit.

He points up stage. The Soldier obeys.

There we are. Platoon, fall in!… at the run!
At ease. Stand easy! Atten…shun!
Platoon! Off…caps! Here, take this one of mine.

He tosses the Soldier a cap.

H'm not bad—it suits you fine.
Now then, take off your tunic, unbutton the throat,
Don't fall out! We'll find you a coat…

The Soldier takes off his tunic.

Don't fall out! We've hardly begun,
You're not finished yet! Atten…shun!
The book, the book! Now what have you done…

The Soldier points to the haversack.

Oh yes, you told me, well—fetch it then.

The soldier goes to his sack. The Devil watches him. The Soldier rummages in the sack and pulls out various objects, the mirror, the medallion.

No, only the book! Now, back here again—

The Soldier returns holding the book.

Der Vorhang hebt sich wieder. Dasselbe Szenenbild. Der Teufel immer noch in derselben Haltung. Ende der Musik.

DER SOLDAT
Hinter der Szene
Du Räuber! mehr als Räuber! Du Brigant!

Er tritt auf und stürzt sich mit gezücktem Bajonett auf den Teufel

DER TEUFEL
Ohne sich zu bewegen
Was machst du — jetzt?

DER SOLDAT
Zurückweichend, aber immer noch drohend
Wart nur, Brigant!

DER TEUFEL
Ein bißchen Anstand rat ich dir!
Ein bißchen Ruhe!… Gut! Nun sage mir:
was machst du — jetzt?

DER SOLDAT
Ich gehe zurück zum Regiment.

DER TEUFEL
Man wird dich mit verbundnen Augen an die Wand stellen,
und dann…

Er deutet die Bewegung des Schießens an

DER SOLDAT
Ich kann noch immer meinen kleinen Acker bestellen.

DER TEUFEL
Ich denk, dem Militärgericht,
mein kleiner Deserteur, entkommst du nicht.

DER SOLDAT
Ich geh, ich geh.

DER TEUFEL
Wenn du ins Unglück rennen willst — nun ja, so geh.

Wechselt den Ton. Der Soldat hat den Kopf gesenkt

Schau doch, wie gut, bin ich noch da.
Das schön gebundne Buch — hast du's verloren unterdessen?

DER SOLDAT
Es ist in meinem Sack. Hab's ganz vergessen.

DER TEUFEL
In deinem Sack? Und du beginnst zu flennen!
Du hast dein Buch. Du kannst dich glücklich nennen.
Hast, was du brauchst — und mehr, viel mehr.
Weg mit der Jammermiene. Zeig mal her, bist du Soldat? Du ewiger Zivilist!
Zeig diesen Herrn und Damen, was du bist!

Schreit

In Stellung! Achtung — steht! — Rühr dich nicht! — Ja, so. Rührt euch!

Zeigt auf das Bajonett

Aber das da in die Scheide.

Der Soldat steckt das Bajonett ein und führt auch im folgenden die Befehle des Teufels genau aus.

Und jetzt — Sack ab! Leg ihn dort hinten hin.
Ja, so.
Zu mir! In Stellung! Achtung — steht! —
Rührt euch!
Mütze ab! Nimm das da.

Mais ne le tiens pas comme ça.
Tu pourrais le perdre, mets-le sous ton bras.

Il met le livre sous le bras du soldat.

Un livre qui vaut des millions,
des millions!… Fais bien attention.

Il sort le violon de sa poche.

Ce que j'ai, ce que tu as;
chacun son bien, comme tu vois.

*Il emmène le soldat. La scène reste
vide un instant.*

Oh, be careful! Don't let it come to harm.
You'll lose it like that—put it under your
arm.

*The Devil puts the book under the
Soldier's arm.*

That book's worth a fortune, a fortune d'you
see—
Hold on to it tight, and listen to me.

He takes the violin out of his pocket.

This is mine, here. That's yours, there.
Each to his own—and so—all's square.

*He leads the Soldier away. The stage is
empty for a moment.*

Er wirft ihm einen Hut zu

O ja – der Hut, der steht dir gut.
Und auch die Jacke aus. Ein Rock wird sich
wohl finden.
In Stellung!

Der Soldat zieht den Waffenrock aus

In Stellung! Achtung – steht! – Wir sind
noch nicht zuende.
Wo steckt das Buch?

Der Soldat zeigt auf den Sack

A ja – zurück zum Sack! Und mit dem Buch
zu mir!

*Der Soldat geht zu seinem Sack. Der
Teufel beobachtet ihn. Der Soldat wühlt
im Sack und zieht verschiedene Dinge
heraus*

Nicht als das Buch! Du hast's? Zu mir!

*Der Soldat kommt mit dem Buch in den
Händen*

Doch halt dies Buch nicht wie ein Betbrevier.
Dies Buch, das ist Millionen wert,
das hält man so – hast du gehört?

*Er steckt das Buch dem Soldaten unter
den Arm*
Ja, gut.

Er zieht die Geige aus seiner Tasche

Das Buch ist dein. Die Geige mein.
Nun weiter unsern Weg – zu zwein.

*Er zerrt den Soldaten mit sich fort. Eine
Weile bleibt die Bühne leer.*

Le rideau se baisse
The curtain falls
Vorhang fällt

Suite: omit these nine bars. Both mss.: Cette musique se fait entendre dès que le soldat et le diable quittent la scène.

LECTURE

Il s'était mis à lire dans le livre, et le produit
  de la lecture fut de l'argent, encore de
  l'argent, toujours de l'argent.
Il a lu dans le livre tant qu'il a pu,
alors tout l'argent qu'il voulut,
et avec cet argent tout ce qu'il voulait,
marchand d'abord, marchand d'objets…

Roulement de tambour

Mesdames, Mesdames, choisissez… Teintes
en noir, bleu-marine, bleu moyen, bleu
Joffre, bleu pastel, bleu ciel, beige, sable,
teinte mastic, gris noir, gris gris, gris moyen,
gris argent, violine, nègre, taupe, brun, kaki
étoffes grisaille, 140, 130, 120, 110 de
large, étoffes fantaisie, crêpe de Chine, satin
duchesse, prix d'avant-guerre…

Roulement de tambour

marchand d'abord, marchand d'objets, et
  puis
il n'y eut plus besoin d'objets, parce qu'on
  est entré dans l'esprit,
et j'use des autres comme j'entends,

NARRATOR

He took the book and began to read,
And the words meant money, more money,
  and still more
Money, as much as a man could need.
He used it first to set right his affairs
And became a pedlar, a seller of wares…

Drum roll.

Come along ladies! Come buy, for there's all
shades and sizes—black, navy, pale blue,
prussian blue, pastel, sky-blue, beige, choco-
late, fawn, dark grey, grey grey, pale grey,
silver grey, russet, nigger, maroon, brown,
khaki, unbleached linen by the yard, printed
cottons, crêpe-de-chine, silks and satins,
pre-war prices!

Drum roll.

A pedlar first, a seller of wares for a start…
Then he needed no goods, he knew all the
  tricks by heart.
Things go the way I make them go,
For others only guess—I know!
It's more than a book, it's wealth untold,
You've only to open it, lo and behold!
You can have all you want, your heart's
  desire,

DER VORLESER

Er liest im Buch, und der Ertrag ist: Geld.
Viel Geld.
Weil er vorausweiß, wie die Börse steigt und
fällt.
Er liest im Buch, so viel er kann,
ist bald ein reicher Mann.
Kauft aus dem Geld, was ihm gefällt.
Wird Kaufmann erst, handelt mit bunten
Waren…

Trommelwirbel. Im Ton eines Ausrufer

Hier meine Damen, wählen Sie! … Stoffe in
schwarz, marineblau, mittelblau, joffreblau
pastellblau, himmelblau, beige, sand,
mastic, schwarzgrau, graugrau, mittelgrau
silbergrau, violine, nègre, taupe, braun,
khaki, Grisaille- Stoffe, Breiten von 140, 13(
120, 110, Fantasie-Stoffe, Crêpe de Chine,
Satin Duchesse, zu Vorkriegspreisen!…

Trommelwirbel

Wird Kaufmann erst, handelt mit bunten
Waren.
Und dann –
Bald sind sie nicht mehr nötig, seine Waren
Dringt mit dem Buch hinab in Geist und
Ewigkeit.
Weiß alles und ist außerhalb der Zeit.

rce que je sais, moi, là où les autres
   croient seulement.
est un livre… c'est un coffre-fort;
 n'a qu'à l'ouvrir, on tire dehors…
 a tout ce qu'on veut, on n'a qu'à avoir
   une envie,
 tire à soi toutes les choses de la vie.
rce qu'on doit mourir un jour; et, vite,
   avant qu'on meure, tout…
ne m'a pas menti quand même, parce
   qu'il y a la mort au bout.
ne chose, puis encore une, puis encore
   une; je les appelle,
rce qu'on peut payer, alors on paie, et
   elles viennent.
ut… Il s'arrête. Tout? rien.
ut, et puis rien. Tout comme rien.
u'est-ce qu'il y a? qu'est-ce qu'il y a?
 tout, et puis rien, comme il voit.
nt qu'on en veut, des choses, tout le
   temps,
 comme si elles n'étaient pas, parce qu'il n'y
   a rien dedans.
es choses fausses, des choses mortes,
 s choses vides: rien qu'une écorce…
 les bonnes vielles choses alors, les choses
   vraies, à tout le monde,
 lles qu'on n'a plus, les seules qui
   comptent!

All the best things in life, anything you
   require,
While you have time, quick,
Grab all you can,
One day you'll be dead,
You're only a man!
No, my old friend,
You didn't lie,
Because in the end
We've all got to die—
First one thing, another,
I've only to say,
This—that—and the other!
Because I can pay
It's mine! All…
He stops. All…?
Nothing.
All nothing. Nothing at all.
What have I said? What's the matter with
   me?
I have everything! Nothing. Now he can see.
All you want—all the time—all wealth can
   provide—
And they don't mean a thing. They are
   empty inside.
False things, dead, rotten, you buy and sell,
They are nothing. Just an empty shell.
Oh, to have still the things you had before,
The real, the true,
Good things! That everybody has but you,
That you have no more,
The only things worth having!

Ich nütz die Menschen aus, die nur ihr Jetzt
erkennen
und die — wo ich schon alles weiß — nur
glauben können.
Das ist ein Buch — ich sag es euch —,
das sich von selber liest, sich liest für euch.
Man schlägt es auf, und man ist informiert.
Das ist ein Buch, das wie ein Geldschrank
funktioniert.
Ihr schlagt es auf — und was ihr wollt,
zieht ihr hervor: Wertschriften, Noten, Gold!
Die großen Schätze alle.
Und auch die Schätze, die man schätzt im
Leben:
Frauen, Bilder, Pferde, Schlösser, überfüllte
Tische.
Alles. Hab alles. Was könnt es geben,
das ich nicht habe, das ich mir nicht fische?
Was gestern andern war, ist alles heute
mein,
und was ich hab, wird niemals andern sein.

PETITS AIRS DU BORD DU RUISSEAU
(Reprise)*

DER VORLESER
(während der Musik)
So dann und wann ergeht
man abends sich im Freien.
Auch heut. Ein heller Abend ist's im Maien.
Ein heller Maienabend — o, wie wohl tut das.
Noch keine Sommerhitze drückt auf Mensch
und Tier und Gras.
Wie dort der Zweig sich unter dem Gewicht
der Amsel biegt
und dann emporschnellt, kaum daß sie
entfliegt!
— Hab alles. — Man besprengt den Garten.
Gießkannen weit und breit.
O kleine Samstagabend-Herrlichkeit!
Er fühlt sich müde, wünscht sich Ruh.
Die kleinen Mädchen spielen blinde Kuh.
— Hab alles, alles, was den andern fehlt.
Warum nur fehlt mir, was die andern haben,
diese andre Welt?
Der Atem dieser Stunde ist so leicht und rein
und dringt doch nicht in mich hinein.
Die ganze Welt — nur ich nicht — freut sich
an dem Tag.
Verliebte überall — doch kein Mensch, der
mich lieben mag.
Darauf käm's an. Darauf allein.
Und da hilft kein Geld.
Das läßt sich nicht erkaufen, denn das kostet
nichts.
Nicht was man hat — was man verlangt: das
zählt.
Die andern haben alles — und ich hab
nichts.
Nichts.

PETITS AIRS AU BORD DU RUISSEAU
(Reprise)*

LECTURE
(pendant la musique)
uand on était assis dans l'herbe,—bonnes
   à entendre, bonnes à toucher,
i sont à tout le monde, qui ne coûtent
   rien, qu'on n'a pas besoin de payer,
tout le monde, pas à moi;—fins de
   semaine, samedis soir,
s gens arrosaient leurs jardins: "Combiens
   d'arrosoirs?"
s petites filles jouaient à capitaine-russe-
   partez,
 passe derrière un mur, on était assis dans
   l'herbe,
 servante vient, remplit votre verre;—
s choses du dedans, les seules qui fassent
   besoin:

NARRATOR
(during the music)
Just to stretch out on the grass, as you used
to do.
Good to touch, good to feel.
Things that cost nothing, that everyone has,
That mean so much; these things are real.
Things that belong to all the world but you,
Saturday evening, week-end plans—
Watching the village at work in its garden,
So many people with watering cans…
The little girls playing Tom Tiddler's
   Ground,
You smile as you pass along the sun-baked
   wall,
You settle down on the grass,
And someone fills your glass…
Things that are warm inside,
The only ones worth having.

***Suite**: omit this reprise.

LECTURE	NARRATOR	DER VORLESER
Ils n'ont rien, ils ont tout; et moi qui ai tout, je n'ai rien!	They have nothing—and yet, they have it all. And I who have everything,	Und zuhaus: Es stimmt nicht, daß die Sai, den Ton erzeugen;
Rien, rien! ça ne peut plus entrer.	I have nothing!	Es hat Saiten an all diesen neuen Geigen
Satan, Satan! tu m'as volé!	Nothing! Nothing! How can that be?	Und auch am Holz liegt's nicht; das Holz das kostbarste der Welt.
Comment faire? est-ce que c'est dans le livre, ça?	Satan! Satan! You've cheated me! What can I do? Does it say in the book…	Meine alte Geige kostete zehn Franken u, war mehr wert als all mein Geld.
(et il l'a ouvert encore une fois).	He snatches it up and starts to look,	
Eh! le livre, tu vas m'expliquer, réponds, les autres sont heureux, comment est-ce qu'ils font?	You must know, you must know, tell me how everyone— How all the others are happy, how is it done?	Teufel! Teufel! Du hast mich beschissen Wie mach ich's nur? dir zu entrinnen? Wie mach ich's nur? wie mach ich's nur?
Eh! le livre, eh! le livre, parce que tu dois savoir,	You must know, you must know, you must tell me, explain	Steht's etwa da drinnen? Und nochmals schlägt er auf das Buch.
comment faire pour ne rien avoir?	What I can do, to have nothing again!	Hat's aufgeschlagen, hat es weggeschmissen –
Sonnerie du téléphone… "Allo…"	The telephone rings,	Teufel! Teufel! Du hast mich beschissen!
"Monsieur, c'est au sujet de votre compte-courant."	"Hello" "Sir, with regard to your current account, sir…"	Und doch, vielleicht – dies Buch soll alle wissen.
"Plus tard…" Sonnerie du téléphone. "Plus tard, je vous dis…" Mais toi le livre, tu entends,	"Later." The telephone rings. "Later, I tell you, later!"	Das ist ein Buch… So sage mir (sagt er zu Buch) geschwind:
comment faire, comment faire pour être comme avant?	The book must know the secret, then answer me! What can I do to be as I used to be?	Wie machen's die andern, daß sie glückli sind? Die Verliebten, die sich küssen…

Le rideau se lève. On voit le soldat assis à son bureau, et feuilletant le livre. Il regarde autour de lui.

LE SOLDAT

On m'envie comme jamais homme n'a été
    envié, on m'envie;
Je suis mort, je suis hors de la vie.

Le Diable, en vielle marchande à la toilette, passe la tête derrière le portant de gauche sans être vu du soldat.

Je suis énormément riche, je suis riche
    énormément,
Je suis mort parmi les vivants.

Le Diable passe la tête derrière le portant de droite. Le soldat, toujours sans l'avoir vu, prend le livre et le jette à terre.

LE DIABLE
heurtant. Voix de fausset.
Monsieur, est-il permis d'entrer?

Il entre.

LE SOLDAT
Que voulez-vous?

LE DIABLE
On voudrait vous parler…

S'avançant à petits pas.

Mais permettez!…

Ramassant le livre qu'il tend au soldat.

quelque chose, Monsieur, que vous avez
    laissé tomber.

LE SOLDAT
prenant le livre
Et puis après?

LE DIABLE
Monsieur, on va vous expliquer…
J'ai mon carton sur le palier,
des raretés, Monsieur, des curiosités…

LE SOLDAT
Merci.

LE DIABLE
Mon bon monsieur, par charité…

LE SOLDAT
tirant sa bourse
Tenez.

LE DIABLE
Monsieur, on a sa dignité.
Rien qu'on ne l'ait d'abord gagné.
On fait son métier, son petit métier.
Mon carton est sur le palier.
Si j'allais vite le chercher?…

Il sort brusquement. Il rentre avec le sac du soldat, qu'il pose à terre.

Curtain rises. We see the Soldier sitting at his desk, thumbing through the book. He looks round.

SOLDIER

I have been proud and envied, and in my pride
I am dead inside to the world outside.

The Devil, dressed as an old clothes' woman, pops his head round the left wing without being seen by the Soldier.

I am rich, unbelievably rich, but all I'd give
To be alive again, as others live.
I *am* a ghost among the living.

The Devil pops his head round the right wing. The Soldier still not seeing him, picks up the book and throws it to the ground.

DEVIL
knocking, falsetto voice
Please, kind sir, can I come in?

He enters

SOLDIER
What do you want?

DEVIL
Just a few words with you sir—but before I
    begin
If you'll allow me, you seem to have dropped
    something, sir,
You might miss…

The Devil trips forward with mincing steps, and picks up the book which he holds out to the Soldier.

SOLDIER
taking the book
Now, what do you want?

DEVIL
I'll explain, sir, it's this—
I have a little case outside
Full of rare, precious things, sir, I'd
Be glad…

SOLDIER
No, thank you.

DEVIL
Sir! for pity's sake…

SOLDIER
pulling out his purse
Here, take this…

DEVIL
Sir, we have our pride.
Nothing for nothing is the rule,
Each has his little job to do—
My case is just outside, sir, you'll
Please let me go and bring it in to you?

He goes out abruptly. Returns with the Soldier's knapsack, which he lays on the ground.

Wie mach ich's nur?
Wieder zu werden, der ich war – wie mach
ich's nur?
Sag's, Buch, du weißt's allein:
Wie mach ich's nur, um wieder arm zu sein?

Er markiert das Telefon: Klingel, Abnehmen des Hörers

Glinggling.
"Ja – hallo?"
"Mein Herr, es handelt sich um die
fünfhunderttausend Franken;
ich überweise sie an eine Ihrer Banken."

Er klopft auf den Tisch

Toc-toc – ein Telegrammkurier.
Nachricht von seinen Schiffen – Alle Meere
mir!
Und doch –
Und doch –
bin eingesperrt. Von Neid umgeben,
beneidet wie kein Mensch, hock ich in einem
Loch.
Tot. Abgestorben für das Leben.
Reich über alle Maßen, über all Maßen reich.
Tot. Unter Lebenden lebendig-tot.

Der Vorhang öffnet sich. Man sieht den Soldaten in seinem Büro vor dem Buch sitzen. Der Teufel erscheint auf der Seite in Gestalt einer alten Frau; er steht so, daß der Soldat ihn noch nicht sehen kann

DER TEUFEL
Mit seiner gewöhnlichen Stimme
Kann man die Fassung so verlieren?
um eine arme kleine Geige lamentieren?

DER SOLDAT
Ohne aufzublicken
Geh! Geh! Hinaus mit dir!

DER TEUFEL
Erscheint auf der andern Seite der Bühne
Bin wieder hier!
Ein altes Lied: erst sagt man nein –
dann läßt man einen doch herein.

Der Soldat wirft das Buch zu Boden

DER TEUFEL
Steckt nun den Kopf durch die Türe im Hintergrund, klopft an und spricht mit Falsettstimme, als sei er eine neue Figur
Ist es erlaubt?

DER SOLDAT
Was wollt ihr hier?

DER TEUFEL
Nähert sich in kleinen Schritten
Mit euch sprechen zu dürfen, bitt ich sehr.
Verzeiht, mein Herr –

Hebt das Buch auf und reicht es dem Soldaten

Da fiel euch was zu Boden.

DER SOLDAT
Was noch mehr?

DER TEUFEL
Gleich Herr. Mein Koffer steht im Flur.
Führ Raritäten, Kostbarkeiten nur.

DER SOLDAT
Nein danke.

DER TEUFEL
Sei doch nicht so hart!
Erbarmt euch, Herr...

Regardez, Monsieur, regardez!…

De plus en plus vite.

Des bagues, des montres, des colliers?

Signe du soldat.

Des dentelles? Non? Dites non sans vous gêner…
C'est vrai, vous n'êtes pas marié…
On fait son métier, son petit métier…
Et une médaille en arget doré?…

Signe du soldat. Comme avec étonnement.

Non, toujours non?… Et un miroir? non?…
J'ai trouvé!
Un beau portrait tout encadré.

Le soldat se tourne vers lui.

Ah! voilà qui a l'air de vous intéresser.
Est-ce encore non?… est-ce encore non?

Il sort le violon du soldat et le présente au public.

Alors un petit violon?

Le soldat se lève brusquement. Le diable est tourné vers le public et parle par-dessus son épaule tout en se retirant.

LE SOLDAT

Combien?

Le soldat se met à le suivre.

Combien? je vous dis.

Le soldat se précipite sur lui. Le diable cache le violon derrière son dos.

LE DIABLE

On s'entend toujours entre amis.

Tendant le violon.

Je vous permets de l'essayer,
nous conviendrons du prix après.

Le soldat s'empare du violon. Il essaie de jouer, le violon reste muet.

Now, look, sir! Look at these lovely things—

Faster and faster.

Watches! Necklaces! And rings!

The soldier shakes his head

Some lace, sir? No?
Don't be afraid, sir, to say so—
It's true, of course, you haven't a wife…
Each has his little job in life…
A lucky medallion, engraved on the back?

Soldier shakes his head. As if surprised.

No? No, every time. Now what do you lack—
A mirror, perhaps? No? Oh dear, what a shame,
A beautiful picture, complete with frame?

The Soldier turns to him.

Ah! That seems to arouse your interest,
Is it no? Still no? The same as the rest…

He brings out the Soldier's violin, and shows it to the audience.

Or would—a little fiddle be best?

The Soldier rises abruptly. The Devil is facing the audience, and talks over his shoulder as he walks away.

SOLDIER

How much? How much?

He begins to follow the Devil.

How much I say?

The Soldier rushes at the Devil.
The Devil hides the violin behind his back.

DEVIL

Well, as we're friends I won't stand in the way.

He holds out the violin.

Try it first, see what you say,
We'll fix a price, let's hear you play!

The Soldier seizes the violin. He tries to play, but the violin remains silent.

DER SOLDAT

Schweigt endlich! Spart
euch das Geplapper. Hier –

Zieht eine Banknote aus seinem Buch

DER TEUFEL

Mein Herr,
man hat auch seinen Stolz. Ich bitte sehr.
Ein redliches Geschäftchen will man machen.
Man bettelt nicht. – Ich zeig euch meine Sachen.
Den Koffer hol ich gleich im Flur.
Ihr werdet staunen, Herr! – Ein Weilchen nur –

Der Teufel rasch ab. Er kommt zurück mit dem Tornister des Soldaten, als Bauchladen umgehängt

Da, Herr. Seht: Ringe, Uhren, Spangen. Nein?
Die Spitzen hier? – Wenn nicht, sagt offen nein.
Ich weiß, ihr habt ja keine Braut.
Und ich hab noch viel schöne Sachen.
Ein redliches Geschäftchen will man machen.
Ein Spiegel? – Nein? – Ein Medaillon? – Ihr schaut.
Der heilige Joseph ist's – und gar nicht teuer. – Nein?
Dies Bild von einem schönen Mädchen? – Nein?
– Jetzt hab ich's. Jetzt paßt auf, was ich euch zeige.

Während er die Geige hervorzieht und sie dem Publikum zeigt

Noch immer nein?: Hier diese kleine Geige.

Der Soldat springt auf. Der Teufel hat sich zum Publikum gedreht und spricht über seine Schulter, während er sich entfernt

DER SOLDAT

Wieviel?

Er folgt dem Teufel

Ich frage euch: wieviel?

Der Soldat stürzt sich auf den Teufel, der die Geige hinterm Rücken verbirgt

DER TEUFEL

Man wird sich unter Freunden arrangieren.

Hält dem Soldaten die Geige wieder hin

Ich erlaub euch, das Instrument auszuprobieren.
Vom Preis nachher.

Der Soldat bemächtigt sich der Geige und versucht zu spielen. Die Geige bleibt stumm.

MUSIQUE DE LA TROISIÈME SCÈNE
Music for Scene 3   Musik für die 3. Szene

PETITS AIRS AU BORD DU RUISSEAU
(Reprise)*

Le soldat se retourne. Le Diable a disparu.
The Soldier turns round. The Devil has disappeared.
Der Soldat wendet sich. Der Teufel ist verschwinden.

*Suite: omit this reprise.

Le soldat jette de toutes ses forces le violon dans la coulisse.
The Soldier hurls the violin into the wings with all his strength.
Der Soldat schmeisst die Geige in die Kulisse,

Il revient à son bureau.
He returns to his desk.
kehrt in sein Bureau zurück,

Il prend le livre, il le déchire en mille morceaux.
He picks up the book and tears it into a thousand pieces.
nimmt das Buch und zerfetzt es in tausend Stücke.

Le rideau tombe
Curtain falls
Der Vorhang fällt

2

MARCHE DU SOLDAT
(Reprise)*

*__Suite__: omit this reprise.

**The first 23½ bars do not appear in the mss.

__Pist./Trb.__ 1². Staccato dot is in 1924 score.

En - tre Denges et De - ne - zy   et il s'en va
Down a   hot and dust-y   road,   Tramps a   man with-
Zwi-schen Chur und Wal-len - stadt   wan-dert wei-ter

*Both mss. begin here.

LECTURE

Il ne sait pas lui-même, il le ne sait pas, lui
  non plus,
et seulement qu'il a fallu,
parce qu'on n'y tenait plus.
Plus rien de toutes les richesses qu'on a
  eues, on s'en est débarrassé,
on n'a rien dit à personne, on s'est sauvé;
et on est comme dans le temps,
avec le sac en moins et les choses dedans.

NARRATOR

He doesn't know himself, he only knows he
  must get out,
Go somewhere else, because
He can't go on the way he was.
Nothing remains of all his fine belongings,
He's thrown them out—without a word to
  say
To anyone, he's run away;
And things are just the way they were,
Except of course he has no pack to bear.

DER VORLESER

Er weiß es selber nicht. Weiß nur: man lief
davon, ertrug's nicht mehr,
und wandert wieder wie vorher.
Von allen Schätzen hat man sich befreit.
Man hat das Buch zerrissen, war gescheit,
hat niemand was gesagt, ist still geflohn.
Nun ist man wiederum Soldat und wandert
so dahin, hat wenigstens den Sack und
etwas Krimskrams drin.

LECTURE

Un autre pays à présent,
avec un village dedans;
il pense: "Entrons," il entre; vient une
    auberge, il y est entré;
trois décis qu'il a commandés;
on boira son verre, et après?
Et il s'est mis à regarder,
regarde à travers les petits carreaux,
par l'intervalle des rideaux,
les rideaux de mousseline blancs tenus
    relevés par des embrasses rouges,
les rideaux blancs, les jolis rideaux blancs,
regarde les feuilles qui bougent.
Et puis quoi? tout à coup, ce monde autour
    de four…
Et c'est qu'on vient de battre le tambour.
Et on a battu le tambour à cause de la fille du
    roi
(le roi de ce royaume-là),
qui est malade, ne dort pas,
ne mange pas, ne parle pas,
et, le roi, il fait dire au son du tambour,
    comme ça:
qu'il donnera la fille au roi
(le roi de ce royaume-là),
à celui qui la guérira…
Juste à ce moment entre un homme qui dit à
Joseph: "Salut, toi!
(quand même on ne se connaît pas,
mais c'est que moi aussi j'ai été soldat).
Et c'est pourquoi je t'appelle collègue, et
    quand je t'ai vu entrer,
je me suis dit: allons lui parler.
Il n'a pas l'air tant content, je me suis dit,
    alors essayons.
C'est peut-être pour lui une bonne occasion.
La fille au roi, dis donc, la fille au roi,
qu'en penses-tu? c'est fait pour toi.
Parce que, moi, vois-tu, moi je suis déjà
    marié,
mais toi, tu as ta liberté.
Et médecin, c'est tout ce qu'on veut, tu
    comprends, tu ne risques rien,
tu viens, tu dis: je suis soldat-médecin;
même si tu ne réussis pas, ça vaut le
    coup…"

Coup de poing du lecteur sur la table.

Pourquoi pas?

Nouveau coup de poing.

Pourquoi pas, après tout.
Au revoir collègue et merci du
    renseignement!
Je lève dans le même instant.
Il se lève, il sort, il s'en va.
A l'entrée des jardins du roi,
les gardes lui demandent où il va:
où je vais? je vais chèz le roi!

NARRATOR

Now he comes to another land,
A village on the frontier and
An inn. He thinks: "Shall I cross over?"
He thinks: "Why not?"
He goes to the inn, orders a tot,
Drinks it down… Yes, and now what?
Then he begins to look around,
He gazes at the muslin curtains bound
With silk cord, fine white muslin,
Scarlet cord, such fine white muslin curtains
    pinned
Around the leaded window panes
Where leaves stir in the wind.
But what's this? Suddenly the world outside
Comes crashing in again,
Somebody starts to beat a drum…
And someone beats a drum, because the
    princess of the realm,
The only daughter of the King,
Lies ill in bed; she neither sleeps,
Nor speaks, nor eats, nor anything,
And the King proclaims to the sound of the
    drum:
"That whatsoever man shall come
And raise his daughter from her bed,
That man, the fair princess shall wed!"
Just at that moment a man comes up and
    says to Joseph: "Hello chum!
We've not been introduced, it's true,
But—well, I've been a soldier too.
Old comrades don't mind if you make
    yourself known.
When I saw you come in, and you were
    alone,
I said to myself, have a word with him.
He looks a bit down, I said, you can see at a
    glance—
Go on over; who knows, this may be his big
    chance?
A lovely young girl, what about it!—a
    princess too!
Think of that! I'd say it was made for you.
I'm married already, worse luck, it's no use
    to me,
But you, my lad, you're young, you're free!
Doctoring? Well—that's whatever you
    choose,
Besides, you know, you've nothing to lose
By trying. You go, you say: I'm an M.O.
She's cured, she's not—it's worth a shot…"

The Narrator bangs his fist on the table.

Why not?

Another bang.

After all, why not!
Good-bye, old chap, many thanks for the tip!
He's up and he's out of it quick as a whip!
He's up, he's off and makes his way
To the palace gates. He gives a ring.
Where are you going, the sentries say:
Where am I going? To see the King!

DER VORLESER

In einem anderen Land
ein anderes Dorf. Denkt: Frisch hinein.
Tritt ein ins Dorf. Ein Gasthaus lockt. Tritt ein
auch hier. Bestellt sich ein Schoppen Wein.
Man trinkt sein Glas, man läßt sich Zeit
man schaut hinaus zum Zeitvertreib.
Versonnen guckt er so durch's Gitter
der Fenstersparren — Noch ein' Viertelliter!—
Der Vorhang da am Fenster ist so weiß, mit
rotem Band auf beiden Seiten festgemacht,
von feinster Musseline, blütenweiß, so weiß
und sauber... Und er sieht,
wie draußen sich das Laub im Wind bewegt,
ganz leis,
und sieht — was gibt's? Auf einmal diese
Menschenmenge.
Der Dorfplatz voller Lärm und Trommelwirbel
und Gedränge.

Mit der Stimme eines Ausrufers

"Der König läßt verkünden" (der König
dieses Landes ist gemeint),
"daß gern er seine Tochter dem vereint
zum Dank,
der sie von ihrer Krankheit heilt. Denn sie ist
krank.
Sie schläft nicht, ißt nicht, spricht nicht mehr.
Wer es auch sei — ihn erwarten Preis und
Ehr,
läßt der König verkünden!"

In diesem Augenblick tritt einer ein und tritt
auf Josef zu
und klopft ihm auf die Schulter: "He, wie
geht's dir, du?!
Man kennt sich nicht. Doch war ich auch
Soldat.
Drum nenn ich dich Kollege, Kamerad."
Er rückt den Stuhl heran
und setzt sich zu ihm. "Weißt, ich sah dir's
an:
dem ist es nicht recht wohl in seinem Fell.
Da sagt ich zu mir: Alter Degen, schnell,
geh auch hinein und grüß ihn, mach ihm
Mut.
Du hast die Botschaft doch gehört?"
Der Josef nickt. — "Nun gut!"
das ist doch, mein ich, des Probierens wert!
Hätt ich nicht eine Frau, ich hätt' es längst
gewagt.
Des Königs Tochter! stell dir vor! nicht lang
gezagt!"
Er klopft ihm auf die Schulter. — "Du mußt's
wagen.
Gehst hin. Brauchst 'Ich bin Doktor-Soldat'
nur zu sagen,
man läßt dich ein — und du bist Hans im
Glück.
Und kommst du ohne Königstochter auch
zurück,
war's doch ein Heidenspaß für dich und
mich."

*Faustschläge des Vorlesers auf den
Tisch*

Warum nicht?

Erneute Faustschläge

Ja, warum denn nicht?
"Auf bald, Kamerad! Und dank dir für den
Wink!"
Er ist schon aufgestanden. Plötzlich geht es
flink.
Ist aufgestanden, ist schon draußen, weg.
Ist schon am Tor. Die Wache fragt: "Wohin?"
Und er: "Wohin?
Zum König und zur Königin!'

MARCHE ROYALE

The Royal March   Der Königsmarsch

*Note $\frac{7}{8}$ rhythmic sub-structure.

*****Pist.** 26³⁻⁴. These two staccato dots are in the 1924 score and part.

*Pist. 37-38. Phrasing thus in both mss. and 1924 part.

*Fag. 61, 63 etc. Phrasing thus in both mss.
**Pist. 68-70 Phrasing thus in both mss. and 1924 part.

34

*Cl. 73¹. in the 1924 score and part, clearly an engraver's error – understandable, as there are major changes at this point in **JWC**.

Le rideau se lève
Curtain rises
Vorhang auf

On voit une chambre du palais. Le diable en tenue de violoniste mondain.
A room in the palace is revealed, with the Devil dressed as a virtuoso violinist.
Man sieht einen Saal im Palast. Der Teufel steht als Geigenvirtuose verkleidet da.

*Cl. 88-89. Phrasing thus in both mss. and 1924 part.
**VI. 100. *p* from 1924 part.

***Fag.** 127¹. in both mss. and in the 1924 part (but c.f. fig.3). ***139¹. in both mss.

**129. Both mss. show that originally there was a break for dialogue at the end of this bar.

Toutes les lumières s'éteignent. Le lecteur a allumé le deux bougies qui ont été placées sur la table.

LECTURE

On a fait marcher la musique, le roi m'a reçu, ça va bien;
il m'a dit: "Vous êtes médecin?" j'ai dit:
"Oui, soldat-médecin…"
"C'est qu'il en est déjà venu beaucoup pour rien…"
"Oh! moi, j'ai dit, j'ai un moyen…"
"Eh bien! vous verrez ma fille demain…"

Le lecteur a un jeu de cartes; il le retourne entre ses doigts.

Ça va bien! je dis, ça va bien!
Le collègue avait raison. Et, en effet, pourquoi pas moi?
Une femme qu'on aurait à soi
depuis le temps qu'on n'en a pas!

*Le rideau se lève.
On voit une chambre du palais dans l'obscurité. Le soldat est assis avec un jeu de cartes à une petite table toute pareille à celle du lecteur et sur laquelle également deux bougies sont allumées. Une chopine et un verre, comme le lecteur.*

LE SOLDAT

Ça va marcher, qu'en dites-vous, les cartes, qu'en dites-vous?
Sept de coeur, dix en coeur, rien que du coeur, rien que de l'atout…

Il boit

Et je dis bien: pourquoi pas moi?
une femme qu'on aurait à soi, rien qu'à soi,
et, encore, la fille du roi…

Le diable se dresse à côté du soldat avec le violon qu'il tient sur son coeur.

LE DIABLE

On est arivé avant toi.

Silence. Le soldat a baissé la tête et ne bouge plus.

LE DIABLE
tournant autour de la table.
Tu as eu tort de te fâcher,
tu étais riche, considéré…
Un coup de tête, rien de plus;
mon pauvre ami, tu es perdu.

Nouveau silence. Le soldat ne bouge toujours pas.

Sept de coeur, dix de coeur, reine de coeur, on se disait; c'est le bonheur!
On y croyait quand même, ou bien?…

Montrant le violon

Seulement c'est moi qui l'ai, le moyen.

Il se met à tourner autour du soldat en faisant des jongleries sur le violon.

All the lights go out. The Narrator has lit the two candles on his table.

NARRATOR

They gave the word for the band to play,
The King received me, the King no less!
He said to me: "You are a doctor?"
I said: "An army doctor, yes…"
"Many have come, you know, but none have stayed…"
"Oh I have my methods," I said, "I'm not dismayed…"
"Very well. Tomorrow you see the princess…"

The Narrator shuffles a pack of cards.

It went off just as we thought it would,
That fellow was right. So far so good!
Just think… a girl to call your own
After so many years alone!

The curtain rises. A room in the palace, dimly lit. The Soldier is sitting with a pack of cards at a table like the one used by the Narrator, and on which two candles are also burning. A jug of wine and a glass, like the Narrator.

SOLDIER

Why not? Why shouldn't the luck be mine?
Ask the cards. What do you say?
Six of hearts—ten of hearts—queen of hearts—
Nothing but hearts, trumps all the way!

The soldier drinks.

It's true, why not, why shouldn't it be?
I'll have a wife of my own, only for me,
And what's more, a princess too…

The Devil appears at the Soldier's side, holding the violin over his heart.

DEVIL

Someone's here ahead of you!

Silence. The Soldier bows his head and remains still.

DEVIL
turning round the table
You were silly to be upset,
You were rich and esteemed; you get
A sudden whim, don't count the cost…
And now, my poor young friend, you're lost.

Silence. The Soldier doesn't move.

Six of hearts—ten of hearts, hearts all the way,
You told yourself: It's my lucky day!
Well? Do you still believe it's true?

He holds out the violin.

I have my methods! *I*, not you!

He begins to circle round the Soldier, making flourishes with the violin.

Alle Lichter werden erlöschet. Der Vorleser hat die beiden auf seinem Tisch stehenden Kersten angezündet.

DER VORLESER

Musik schon unterwegs. Vom König gleich empfangen. Das klappt gut!
Er fragte: "Ihr seid Artzt?" — Und ich:
"Gewiss, Doktor- Soldat."
"Schon viele kamen, mußten wieder gehn."
"Ich weiß ein Mittel," — "Gut, ihr werdet morgen meine Tochter sehn."

Er nimmt ein Kartenspiel und läßt es durch die Finger gleiten

Das klappt. Ich sage, das klappt gut!
Der Kamerad hatt' recht: warum nicht ich?
Nur Mut!
Ein Mädchen haben —
Lang, lang ist's her…

Der Vorhang hebt sich. Immer noch der Vorsaal im Königspalast. Der Soldat sitzt mit einem Kartenspiel an einem Tischchen, das genau dem des Vorlesers entspricht, vor sich einen Schoppen Wein und ein Glas. Es muß genaue Übereinstimmung herrschen

DER SOLDAT

Was sagt ihr dazu, ihr Karten? ist's ein Scherz?
Herz zehn, Herz sieben, nichts als Herz,
Herz Dame, lauter Trümpfe. Das geht gut!

Er trinkt

Der Kamerad hatt' recht: Warum nicht ich?
Nur Mut!
Ein Mädchen haben — ich, ein Mädchen haben —
Lang, lang ist's her…

Der Teufel, mit der Geige in der Hand, drängt sich an die Seite des Soldaten

DER TEUFEL

Indes, mein Freund, man kam zuvor.

Schweigen. Der Soldat senkt den Kopf und bewegt sich nicht mehr

DER TEUFEL
Umkreist den Tisch
Das Mittel, sie zu heilen — das hab ich.
Es ist ein Ding, das ich nur hab, das du nicht hast,
das du wohl hattest, aber nicht mehr hast.
Mein armer Freund, du bist verloren.

Schweigen. Der Soldat bewegt sich noch immer nicht. Der Teufel zeigt mit dem Geigenbogen auf die Karten

Herz sieben und Herz zehn, Herz Dame gar:
das nennt man Glück, und glaubt daran, nicht wahr?

Hält dem Soldaten die Geige vor die Nase

Das Ding, worauf es ankommt — das hab ich!

LE SOLDAT
sourdement
C'est vrai, ce qu'il dit, il me tient,
et c'est lui qui l'a, le moyen;
moi, je n'ai rien, je n'ai plus rien!

Arrêt brusque. Puis le lecteur, se
tournant de côté, s'adresse tout à coup
au soldat.

LECTURE
Hardi! vas-y quand même, saute-lui dessus,
casse-lui les reins.

LE SOLDAT
immobile
C'est pas un homme, je ne lui peux rien.

LE LECTUER
Que si! que si! tu lui peux quelque chose, je
te dis;
lui, il te tient encore, parce que tu as de
l'argent à lui

Le soldat lève la tête et regarde le
lecteur.

Débarrasse-toi de cet argent, tu es sauvé.
Joue aux cartes avec lui: il va te le gagner.

LE SOLDAT
au diable, brusquement.
Jouez-vous? on a de l'argent.

LE DIABLE
s'arrêtant étonné
Comment?

LE SOLDAT
Je vous dis: Voulez-vous jouer?

LE DIABLE
Cher ami… *Il prend une chaise.*
mais très volontiers. *Il s'assied*

LE LECTEUR
au soldat
Il gagnera, il veut toujours gagner.
Tu vas perdre: il est perdu.

LE SOLDAT
sortant de l'argent de ses poches.
De l'or, des billets, des écus.

LE DIABLE
déposant le violon sur ses genoux.
Très bien!

LE SOLDAT
Combien?

LE DIABLE
Dix centimes le point.

SOLDIER
dully
It's true what he says, he's got me for sure,
He'll do the trick, he's got the cure;
I have nothing—nothing at all once more!

He stops short. Then the Narrator, turning
round, suddenly speaks directly to the
Soldier.

NARRATOR
Go for him just the same, knock him down,
bang his head on the floor!

SOLDIER
without moving
He isn't a man, I can do nothing more.

NARRATOR
You can, I tell you, you can! Don't you see
how it is?
He's got you because of the money—you still
have money of his.

The Soldier raises his head and looks at
the Narrator.

Get rid of that and your saved. Go on
begin…
Offer to play him at cards: he's sure to win.

SOLDIER
roughly, to the Devil
Will you play? I've money.

DEVIL
stopping, surprised
What? I don't understand…

SOLDIER
I said: would you like a game?

DEVIL
My dear young friend… *He takes a chair.*
I'm always ready for a hand. *He sits.*

NARRATOR
to the Soldier
He'll win, he always likes to win.
You'll lose; and he'll be lost. Begin.

SOLDIER
emptying his pockets
Notes, gold and silver; they're all in.

DEVIL
Laying the violin across his knees
Good.

SOLDIER
How much a point?

DEVIL
A farthing, yes?

DER SOLDAT
Gedämpft
's ist wahr, er hat mich in der Hand.
Er hat das Mittel, hat das Pfand.
Und ich hab nichts, ich hab nichts mehr!

Plötzlich zum Soldaten

DER VORLESER
Und doch: Setz dich zur Wehr!
Nimm's mit ihm auf!
Zerschlag ihm die Rippen!

DER SOLDAT
Ohne sich zu bewegen
's ist kein Mensch, 's hat keinen Zweck.

DER VORLESER
Und doch: Gib nur den letzten Rappen weg.
So lang du Geld noch hast, hält er dich fest.

Der Soldat hebt den Kopf und sieht den
Vorleser an

Spiel mit ihm Karten: er gewinnt den Rest.
Und du bist frei.

DER SOLDAT
Plötzlich
Spielt ihr?

DER TEUFEL
Erstaunt
Wie bitte?

DER SOLDAT
Spielt ihr um Geld?

DER TEUFEL
Und ob, mein Freund! *Er nimmt einen Stuhl!*
Von Herzen gern! *Er setzt sich*

DER VORLESER
Zum Soldaten
Er wird gewinnen. Immer will er Sieger sein.
Du wirst verlieren. Doch er wird verloren
sein.

DER SOLDAT
Nimmt Geld aus der Tasche
Hier Gold und Geld.

DER TEUFEL
Legt die Geige auf die Knie
Nicht schlecht.

DER SOLDAT
Wieviel?

DER TEUFEL
Der Punkt zehn Rappen.

LE SOLDAT

Deux francs le point, pas un sou de moins.

LE DIABLE

Si vous voulez, mais attention!…

Le soldat bat les cartes. Le diable coupe.

plus de livre, plus de violon;
restaient les petits sous, les petits sous s'en vont…

Ils jouent. Le diable gagne.

Ensuite ce sera la fin…
Vous n'aurez plus rien,

Ils jouent. Le diable gagne.

plus rien que la faim. F..A..I..M, faim!

Ils jouent. Le diable gagne.

Tu vois; jamais plus, jamais plus!
Tu iras pieds nus, tu iras tout nu.

Ils jouent. Le diable gagne.

LE LECTEUR
au soldat.

Hardi! cent sous!

LE SOLDAT

Je dis: cent sous.

LE DIABLE
déjà assez difficilement.

Tu… tu es fou!

Ils jouent. Le diable gagne

LE l ECTEUR
criant.

Cinquante francs!

LE DIABLE
parlant avec peine et mettant le violon sous son bras.

Doucement… monsieur… dou…cement…

Ils jouent. Le diable gagne.

Ga…gné quand même.

LE LECTEUR
s'adressant toujours au soldat.

Tout ton argent.

LE SOLDAT

Tout mon argent!

Il sort de sa poche tout ce qui lui reste d'argent et le jette sur la table.

LE DIABLE
se levant lentement.

As de pique, as… de… pique…, et… toi?

LE SOLDAT

Reine de coeur!

LE DIABLE

C'est… c'est… encore moi.

Il chancelle.

SOLDIER

Sixpence a point, not a penny less.

DEVIL

Just as you wish, but best take care!

The Soldier shuffles. The Devil cuts.

No more fiddle, no more book,
Only a few pennies left and look…

They play. The Devil wins.

The pennies are flying off into the air,
You'll have nothing at all,
Then where will you be?

They play. The Devil wins.

You'll starve, my friend, S..T..A..R..V..E!

They play. The Devil wins.

There do you see! Total defeat!
You'll go around naked, no shoes to your feet!

They play. The Devil wins.

NARRATOR
to the Soldier

Raise him a pound!

SOLDIER

A pound!

DEVIL
already with difficulty

You… your're mad! How can you beat…

NARRATOR
shouting

Ten pounds! Deal on!

DEVIL
speaking with great difficulty, and putting the fiddle under his arm

Gen…tly… gen…tly… not… so… fast —
They olay. The Devil wins.
Aaaah… I've won — same — as — last…

NARRATOR
still speaking directly to the Soldier

Stake the lot!

SOLDIER

I stake the lot!

He empties his pockets of his remaining money and tosses it on the table.

DEVIL
getting up slowly

Ace— of— ace of Spades! You've got…

SOLDIER

The Queen of Hearts!

DEVIL

Again… it's… me!
I've won… again…   *He totters.*

DER SOLDAT

Nein! Das ist kein Spiel
Der Punkt zwei Franken!

DER TEUFEL

Ganz wie ihr wollt! Doch aufgepaßt…

Der Soldat mischt die Karten. Der Teufel zieht

Kein Buch und keine Geige mehr.
Ein bißchen Geld. Doch das Geld, das schwindet sehr.

Sie spielen. Der Teufel gewinnt. Er leert sein Glas, das der Soldat immer wieder füllt

Kommt das Ende. Hast nichts mehr.

Sie spielen. Der Teufel gewinnt

Hast nicht mehr als nur den Hunger.
H..U..N..G..E..R. Hunger.

Sie spielen. Der Teufel gewinnt

Siehst du: nichts mehr. Letzter Akt:
Du gehst barfuß, du gehst nackt.

Sie spielen. Der Teufel gewinnt

DER VORLESER
Zum Soldaten

Nur Mut! Fünf Franken!

DER SOLDAT

Jetzt fünf Franken?

DER TEUFEL
Hat schon Mühe zu sprechen

Bist du… toll?

Sie spielen. Der Teufel gewinnt

DER VORLESER
Schreit

Fünfzig Franken!

DER TEUFEL
Spricht mit Mühe, nimmt die Geige unter den Arm

Sachte… nimm das Maul nicht… voll!

Sie spielen. Der Teufel gewinnt

trotzdem gewonnen!

DER VORLESER
Zum Soldaten

Nun dein ganzes Geld!

DER SOLDAT

Mein ganzes Geld!

Er leert seine Taschen und wirft den Rest seines Geldes auf den Tisch

DER TEUFEL
Erhebt sich mühsam, lallt

Pique… As. Pique… As. Und… du?

DER SOLDAT

Herz Dame!

DER TEUFEL

Auch sie… sie… fällt mir zu.

Er wankt

LE LECTEUR
Tu vois, tu vois!

Le soldat écarte sa chaise, met les mains sur ses cuisses et, penché en avant, considère le diable qui chancelle de plus en plus.

Tu vois, tu vois, il va tomber
Attends. A présent, lève-toi.
Donne-lui à boire! ça le remettra!
Dis-lui: "A votre bonne santé!"

LE SOLDAT
s'approchant du diable avec le verre.
Tenez! ça vous remettra.

Le diable, titubant, fait un geste.

Je vous dis de boire, tenez!

Il le force à boire. Remplissant le verre.

Et je bois à votre santé.

Remplissant de nouveau le verre.

Encore un!

LE DIABLE
Vous a…bu…sez!…

LE LECTEUR
Attention! il va tomber.

En effet, le diable tombe sur la chaise, puis le haut de son corps se renverse sur la table.

LE SOLDAT
On est léger! on est léger!

Il se penche sur le diable et tend la main vers le violon.

Eh! eh! peut-on essayer?

Mouvement convulsif du diable

LE LECTEUR
Il n'en a pas encore assez!…

LE SOLDAT
vidant le verre à plusieurs reprises dans la bouche du diable.
Ah! c'est comme ça. Eh bien, tiens!…
tiens!… tiens!…

Il attend un instant. Le diable ne bouge plus.

LE LECTEUR
Tu reprends ton bien.

Le soldat s'empare du violon te tout de suite, debout à côté du diable se met à jouer.

NARRATOR
You see! You see!

The Soldier pushes away his chair, puts his hands on his thighs, and bending forward, examines the Devil who is swaying more and more.

He's going to fall, I said he would…
Listen. Get up. Here's what you do.
Give him a drink! It'll do him good!
Say to him: "Here's a health to you!"

SOLDIER
advancing on the Devil with the glass.
Take this—it'll do you good!

The Devil, swaying, tries to push it away.

Go on, have a drink! Say when!

He forces the Devil to drink. Refills the glass.

Here's a health to you!

Refilling the glass.

And again!

DEVIL
You're — very rude… that's not — at — all — the — w..

NARRATOR
Look out! He's going to fall.

And indeed, the Devil falls back in his chair, then his body sinks forward across the table.

SOLDIER
I'm free! I'm free!

He leans over the Devil and tries to take the violin.

Now — do I dare…

The Devil twitches.

NARRATOR
He's not quite out, be careful there!

The Soldier empties the glass several times down the Devil's throat.

SOLDIER
Oh, it's like that!
All right then… eight… nine… ten!

He waits. The Devil is still.

NARRATOR
Now, take back your own again!

The Soldier takes the violin, and standing beside the Devil, begins to play.

DER VORLESER
Siehst du? Schau!

Der Soldat rückt seinen Stuhl, steht halb auf, und beobachtet, vorgeneigt, die Hände auf die Oberschenkel aufstützend, den wankenden Teufel

Schau, er ist schon tüchtig blau! Fällt bald untern Tisch!
Mach das Glas nur immer voll!
Sag ihm: "Seht, das macht euch frisch!"
Trink ihm zu: "Auf euer Wohl!"

DER SOLDAT
Nähert sich dem Teufel mit einem vollen Glas
Nehmt! das macht euch frisch

Der Teufel wehrt lallend ab

Ich sag euch, nehmt und trinkt!

Er nötigt den Teufel zu trinken und füll das Glas wieder

Ich trink mit euch auf euer Wohl!

Füllt das Glas wieder

Noch eins!

DER TEUFEL
Nein… ich… nein…

Er trinkt trozdem

DER VORLESER
Schau, nun ist er voll!

In der Tat: Der Teufel fällt auf den Stuh und mit seinem Oberkörper vornüber auf den Tisch

DER SOLDAT
Endlich frei! Die Geige hier —
Frei und leicht — Kann ich's wohl wagen?

Er beugt sich über den Teufel und streckt die Hand nach der Geige aus. Konvulsivisches Zucken des Teufels

DER VORLESER
Nein, er kann noch mehr vertragen!

DER SOLDAT
Leert wiederholt das Glas in das Maul de Teufels
Nimm und trink, Freund, sag ich dir!
Sauf!… Sauf!… Sauf!

Er wartet einen Augenblick. Der Teufe rührt sich nicht mehr

DER VORLESER
Jetzt gehört sie wieder dir!

Der Soldat bemächtigt sich der Geige und beginnt gleich an der Seite des Teufels zu spielen.

PETIT CONCERT

The Little Concert   **Kleines Konzert**

Le diable tombe de la chaise. Le rideau se baisse.
The Devil falls off his chair. The curtain falls.
Der Teufel fällt vom Stuhl. Vorhang fällt.

44

*Cl. 34¹. **f** in 1924 part.
Cl. and Fag. 36¹. Both mss. **p (not**f**).

*Vl. 72-74. 1924 score and part:

Les lumières partout se rallument
The lights all go up again.
Die Lichter werden überall angezündet.

Lect.

(crié) Mademoiselle, à présent, on peut le dire, sûrement qu'on va vous guérir.
(shouting) Princess, now we can safely say He who will cure you's on his way.
(schreiend) Hört, mein Fräulein, laßt euch sagen: Jetzt hat die Stunde Glück
geschlagen.

On va tout de suite aller vers vous, parce qu'à présent
Soon now he's going to come to you Because there's
Einer kommt schon – seht ihn eilen –, hat das Mittel,

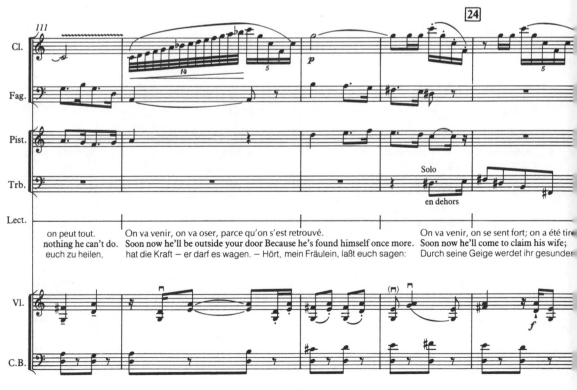

Lect.

on peut tout.
nothing he can't do.
euch zu heilen,

On va venir, on va oser, parce qu'on s'est retrouvé.
Soon now he'll be outside your door Because he's found himself once more.
hat die Kraft – er darf es wagen. – Hört, mein Fräulein, laßt euch sagen:

On va venir, on se sent fort; on a été tir
Soon now he'll come to claim his wife;
Durch seine Geige werdet ihr gesunder

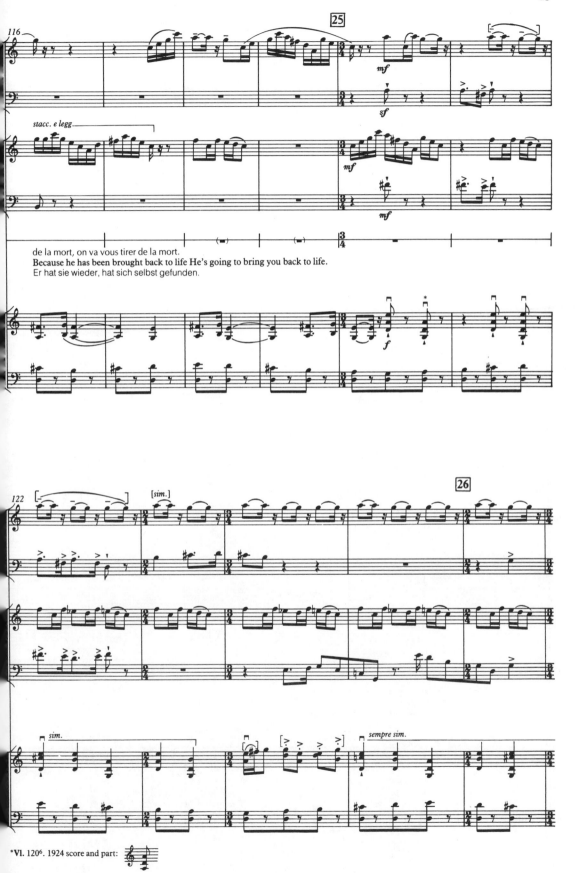

de la mort, on va vous tirer de la mort.
Because he has been brought back to life He's going to bring you back to life.
Er hat sie wieder, hat sich selbst gefunden.

*VI. 120⁶. 1924 score and part:

TROIS DANSES
Three Dances   Drei Tänze

Le rideau se lève. Lumière éclatante. La chambre de la princesse.
Elle est coucheé tout de son long sur son lit et ne bouge pas.
Le soldat entre et se met à jouer.

Curtain rises. Brilliant lighting. The Princess's room.
She is lying on her bed and doesn't move.
The Soldier enters and begins to play.

Der Vorhang geht auf. Das Zimmer der Prinzessin. Sie liegt ausgestreckt auf ihrem Bett links im Hintergrund und rührt sich nicht.
Der Soldat tritt im Vordergrunde vom rechts ein und beginnt zu spielen.

1. TANGO

Elle ouvre les yeux, elle se tourne vers le soldat. Elle s'assied sur son lit.
She opens her eyes, turns her head towards the Soldier. She sits up in bed.
Die Prinzessin schlägt die Augen auf. Sie wendet sich gegen den Soldaten.

La princesse se léve du lit
The Princess gets up from her bed
Die Prinzessin erhebt sich vom Lager

Elle danse
She begins to dance
Sie tanzt

Le rideau se baisse
The curtain falls
Vorhang fällt

Danses devant le rideau
Dances in front of the curtain
Tanzt vor dem Vorhang

Glissez avec l'archet de toute sa longueur
(exception faite des endroits marqués par le *saltando*)

saltando   *saltando*

*Vl. 16³ and 21³. Both mss.: *a punta d'arco*.
Vl. 34¹. 1924 part has a *glissando* up to this **Db.

*Manière d'exécution:

2. VALSE

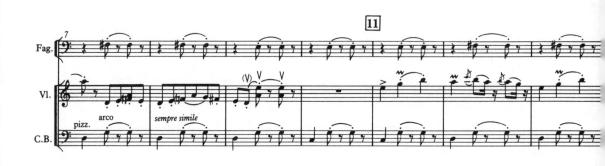

*C.B. 51³. Both mss., 1924 score and part, and Trio: **A**.

Cl. 54⁶. Thus in both mss. and 1924 score; 1924 part: **A♭; Trio: **A♮**.

*Vl. 75⁴. Both mss.:

3. RAGTIME

*L.H. mallet 2   R.H. prepared triangle beater (see Notes).

*VI. 15⁵. 1924 part: *p*

VI. 18⁷-19¹. These ties from **W. The editor believes that they were omitted in error from **JWC**. and that this error was perpetuated in the 1924 score and part.

***VI. 19¹-³/8-9 and 20⁵. These **As** are in both mss.

*Fag. 44⁴. Both mss.: *leggiero (accompagnando)*.

*Cl. 56. Both mss.: *mp accompagnando* (**JWC.** altered in pencil to ***f***).

*VI. 76² etc. These slurs are not in the mss., but are in the 1924 score and part (presumably bowings with the articulation omitted). The part also shows a *crescendo* for these two bars.

Le rideau se lève. Même décor. Le soldat et la princesse se tiennent embrassés. Cris horribles dans la coulisse. Entre le diable en diable. Il marche à quatre pattes. On doit faire sentir que le jeu commencé tout à l'heure devant le rideau se transporte à présent sur la scène. Les danseuses peuvent y prendre part. Le diable tourne tout autour du soldat et tantôt fait le geste de le supplier de lui donner le violon, et tantôt cherche à le lui arracher, tandis que le soldat le menace de l'archet.

La princesse s'est réfugiée derrière le soldat et, à mesure que celui-ci se déplace, elle se déplace aussi, de façon à rester cachée derrière lui.

Le diable, tantôt reculant, tantôt bondissant en avant, précipite ses mouvements.

Le soldat a une idée. Il se met à jouer sur le violon.

Curtain rises. Same scene. The Soldier and the Princess are in each other's arms. Horrible shrieks off. Enter the Devil dressed as a devil. He crawls on all fours. We should feel that the action started in front of the curtain has now been transferred to the stage. The dancers can join in. The Devil circles round the Soldier, sometimes imploring him to hand over the violin, sometimes trying to snatch it from him, while the Soldier threatens him with the bow.

The Princess has taken refuge behind the Soldier, and as he moves, she moves, always keeping hidden behind him.

The Devil, sometimes falling back, sometimes springing forward, accelerates his movements.

The Soldier has an idea. He begins to play the violin.

Vorhang auf. Gleiche Dekoration. Der Soldat und die Prinzessin halten sich umschlungen. Schreckliche Schreie hinter der Szene. Eintritt der Teufel in leibhaftiger Gestalt. Er kriecht auf allen Vieren. Der Teufel umkreist den Soldaten, macht zuweilen eine Gebärde, als wollte er um die Geige bitten, dann versucht er, sie ihm wieder zu entreissen, während der Soldat ihm mit dem Fiedelbogen droht.

Die Prinzessin hat sich hinter den Soldaten geflüchtet und, so oft dieser den Platz wechselt, tut sie's auch, so dass sie stets hinter ihm verborgen bleibt.

Der Teufel, bald zurückweichend, bald vorspringend, beschleunigt seine Bewegungen.

Nun kommt dem Soldaten ein Gedanke. Er beginnt auf seiner Geige zu spielen.

DANSE DU DIABLE
The Devil's Dance   **Tanze des Teufels**

Contorsions. Il cherche à retenir ses jambes avec ses mains. Il n'en est pas moins entraîné.

Contortions. The Devil tries to hold his legs still, but is even more bewitched.

Verrenkungen. Er sucht seine Beine mit den Händen stillzuhalten, doch vergebens.

*Fag. 16-24. The mss. have no articulation at all; articulation here as in 1924 score and part.

*Bat. 30[1]. 1924 part: **p**; 1924 score: **mf**; W.: **mf**; JWC.: no dynamic.

Bat. 49. In **JWC. the copyist originally wrote: (coinciding with the **C.B.**). This has been altered in pencil to the printed text.

Il tombe à terre, épuisé.	He falls, exhausted.	Schliesslich fällt der Teufel erschöpft zur Erde.
Le soldat prend la princesse par la main; on voit qu'elle n'a plus peur. Danse de la princesse autour du diable.	The Soldier takes the Princess by the hand: she has lost her fear. The Princess dances round the Devil.	Der Soldat nimmt die Prinzessin bei der Hand. Mann sieht, dass sie keine Furcht mehr hat.
Puis, sur un signe du soldat, elle prend le diable par une patte et à eux deux ils le traînent dans la coulisse.	Then, at a sign from the Soldier, she takes the Devil by one paw, and between them they drag him into the wings.	Dann, auf ein Zeichen des Soldaten, packt sie den Teufel bei einer seiner Tatzen – und zu zweien schleifen sie ihn hinter die Kulisse.
Ils reviennent au milieu de la scène et tombent de nouveau dans les bras l'un de l'autre.	They return to the middle of the stage and fall into each others' arms.	Sie kommen wieder und fallen sich inmitten der Bühne in die Arme.

PETIT CHORAL*

Little Chorale   Kleiner Choral

Enchaînez

*Suite: omit this movement. The *Petit Choral* does not appear in **JWC**. The 1924 score and parts have no slurs: these have been supplied from **W**. In **W**. the first two bars appear thus: and **Fag.** 7² is **A**, not **G**.

COUPLETS DU DIABLE *
The Devil's Song   Couplet des Teufels

Le diable passant brusquement la tête par la porte du fond.
The Devil suddenly pops his head round the door at the back.
Der Teufel plötzlich seinen Kopf durch die Tür im Hintergrunde steckend.

Le soldat et la princesse se tournent vers le diable; puis comme avant.
The Soldier and the Princess turn to the Devil, then go back to their embrace.
Soldat und Prinzessin wenden sich gegen den Teufel, dann nehmen sie ihre Stellung (Umarmung) wieder ein.

*Suite: omit this movement. Couplets du Diable does not appear in **JWC**.

**Pist. 17¹. W. is quite clear: this final note should be *sounding* C, not a written C as is erroniously shown in the 1924 score and part. Similarly 32¹ (♭ missing in 1924 score and part). The Piano Score corroborates this.

Le diable disparait. Le soldat et la princesse se tiennent toujours embrassés.
The Devil disappers. The Soldier and the Princess are still embraced.
Der Teufel verschwindet. Soldat und Prinzessin halten sich noch immer umschlungen.

GRAND CHORAL

Great Choral   Grosser Choral

Lecture:
Narrator:
Vorleser:

Il ne faut pas vouloir ajouter
A ce qu'on a ce qu'on avait,
On ne peut pas être à la fois
Qui on est et qui on était.

**You must not seek to add
To what you have, what you once had;
You have no right to share
What you are with what you were.**

Man soll zu dem, was man besitzt,
begehren nicht, was früher war.
Man kann zugleich nicht der sein,
der man ist und der man war.

Il faut savoir choisir;
On n'a pas le droit de tout avoir:
C'est défendu.

**No one can have it all,
That is forbidden.
You must learn to choose
     between.**

Man kann nicht alles haben.
Was war, kehrt nicht zurück.

Un bonheur est tout le bonheur;
Deux, c'est comme s'ils
n'existaient plus.

One happy thing is every happy
thing:
Two, is as if they had never been.

Ein Glück ist alles Glück;
zwei ist wie keins.

"ai tout, j'ai tout," pense-t-il.
ais un jour, elle, elle lui dit:
e ne sais rien encore de toi,
    raconte-moi,
aconte-moi un peu de toi."

 have everything," he thinks. "I
    always will
ave everything," he thinks. But
    one day she,
he says: "I know so little about
    you still,
ell me about yourself, come on,
    tell me!"

un hab ich alles, alles", denkt er
mer wieder.
e aber, eines Tages, bettelt:
ieber,
h weiß so nichts von dir. Erzähle
ir!
zähl mir, Lieber, doch von dir!"

"C'est que c'est dans le temps,
    tout là-bas,
Dans le temps que j'étais soldat;
Tout là-bas chez ma mère dans
    mon village,
Loin, bien loin, et j'ai oublié le
    chemin."

"Well, it all started a long, long
    time ago.
There was a cottage I used to
    share
With my mother – I was a soldier
    then, you know –
Far, far away; I've almost
    forgotten where."

"Lang, lang ist's her" – er lächelt.
"Und so fern.
Ich war Soldat, und war's nicht
eben gern.
Da war die Mutter, war das Dorf, wo
ich geboren.
Fern, fern... Dann hab ich meinen
Weg verloren."

"Si on allait, si on allait!…" "Tu sais bien
que c'est défendu."
"On sera vite revenus,
et personne n'en saura rien!"
Elle le regarde, elle lui a dit:
"Tu en as bien envie, toi aussi!…
Que si!… que si!… que si!… que si!…"
"Que si, je vois bien," qu'elle dit.
Et il disait: "Venez ici."
Mais elle: "Est-ce que c'est oui?"
"Pas avant, vous savez…" Et voilà qu'il
pensa:
"Peut-être que ma mère me reconnaîtra,
cette fois;
elle viendrait habiter avec nous.
et, comme ça, on aurait tout…"

*A ce moment, on voit passer le diable
devant le rideau baissé.
Magnifique costume rouge.*

Ils sont partis, ils sont près d'arriver.
On commence à voir le clocher.
Il arrive le premier à la borne-frontière.
Elle, elle est restée en arrière.

*De nouveau, le diable passe devant le
rideau.*

Il l'appelle, il s'est retourné…

*Le rideau se lève. Même décor qu'a la
seconde scène: le clocher du village et
la borne-frontière.
On voit le soldat qui s'est retourné et
fait des signes.
Il se remet en marche, il arrive à la
borne; le diable tombe devant lui.
Il a de nouveau le violon, il joue sur le
violon.*

"Suppose, suppose we went there!" "No,
It is forbidden." "Suppose we go –
We'd be back before we were missed,
No one would ever know!"
She looks at him and smiles and says:
"You want to, I can see you do,
It isn't much to ask of you,
Say yes… say yes… say yes…
Why not, you want to, I can see
You do." He says: "Come over here to me."
"Not until you say yes…"
And so he thinks, "If we did go
Perhaps this time my mother will know me,
Why not? Just to pay a call,
And she could come and live with us –
Then I should really have it all."

*At this moment the Devil crosses in front of
the curtain, wearing a magnificent scarlet
costume.*

They're on their way, they're nearly there,
A scent he knows hangs in the air.
He has gone on ahead to find
The frontier. She is a little way behind.

The Devil crosses again.

He calls her, he turns back, then changes his
mind…

*The curtain rises. The same scene as in
Scene 2, the village spire and the frontier
post.
The Soldier enters, making signs. He
walks forward again, and reaches the
frontier post: the Devil appears in front of
him. He has the violin again and begins to
play.*

"Wenn wir hinreisten? Dorthin, wo du warst
als Kind."
– "Es ist verboten." – "Weißt du, nur
geschwind
und gleich zurück. Es wird uns niemand
sehn."
Sie blickt ihm in die Augen, sagt: "Ich seh
dir's an,
auch dich verlangt's, einmal nachhaus zu
gehn.
O ja. Ich seh's. Ja, ja. Ich seh dir's an."
Er sagt: 'Komm nah zu mir, ganz nah."
Doch sie: "Nicht eh du mir gesagt hast ja."
Er brütet und erwägt es her und hin.
"Warum denn nicht? warum nicht?" hämmert
es in seinem Sinn.
"Vielleicht erkennt mich meine Mutter
diesmal doch
und kommt mit uns – was wünscht ich mir
dann noch?!
Mein Glück wär voll – voll wär mein Glück:
was war, was ist: vereint in einem
Augenblick!"

*Man sieht den Teufel in einem
prächtigen roten Gewand vor dem
geschlossenen Vorhang vorübergehn*

Sie sind schon unterwegs. Schon nah dem
Ziel.
Der Kirchturm grüßt. Vertrautes
Glockenspiel.
Zum Grenzpfahl noch ein kleines Stück…
– Doch sie! Doch sie – sie blieb zurück…

*Wieder geht der Teufel vor dem
Vorhang vorüber*

Er ruft. Er winkt – ein letzter Blick –

*Der Vorhang öffnet sich. Gleiche
Dekoration wie im zweiten Bilde. Man
sieht den Kirchturm und den
Grenzpfahl. Man sieht auch den
Soldaten, der sich zurückgewandt hat
und Zeichen macht.
Er wandert von neuem seinen Weg. Er
kommt zur Grenze, überschreitet sie,
den Blick zum Pfahl erhoben, zögernd.
Da fällt der Teufel vor ihn hin. Er hat
seine Geige wieder. Er spielt auf der
Geige.*

(pendant la musique)
Le soldat a baissé le tête. Il se met à suivre le
diable, très lentement, mais sans révolte.
On appelle dans la coulisse. Il s'arrête un
instant. Insistance du diable.
Le diable et le soldat sortent de scène. On
appelle une dernière fois.

(during the music)
The Soldier hangs his head. He begins to follow
the Devil, very slowly, but without resisting.
A voice calls from the wings. He stops for a
moment. The Devil waves him on.
Exeunt the Devil and the Soldier. The voice
calls for the last time.

(während der Musik)
Der Soldat hat sein Haupt gesenkt. Er
schickt sich an, dem Teufel zu folgen,
der ihn geigend vor sich her treibt. Es
wird aus der Kulisse gerufen. Er hält
einen Augenblick an. Der Teufel
besteht darauf, dass er ihm folgt. Beide
verschwinden in der Kulisse. Es wird
zum letzten Mal gerufen.

MARCHE TRIOMPHALE DU DIABLE*
Triumphal March of the Devil Triumphsmarsch des Teufels

* The first 41 bars of this movement do not appear in the mss.

† In the mss. and 1924 score and part there is confusion as to which bass drum notes should be struck on the edge and which in the centre. The editor believes that the composer intended the same effect as in *Marche Royale,* where the bass drum struck centrally coincides with the cymbal, and the part has been emended accordingly.

76

*Vl. 11[7] to the end. The mss. and 1924 score and part are inconsistent in the use of bracketed (cautionary) accidentals. In the interest of clarity the editor has removed these brackets and has added a few cautionary accidentals of his own.

**Vl. 23[1] (and 62[1]). Piano Score: *p*; 23[6] (and 62[6]). Piano Score: *f*.

*__Pist.__ 48. __W.__ shows only one part here: the text that became this *ossia* in __JWC.__ and in the 1924 score and part.

Le rideau tombe lentement.
The curtain falls slowly.
Der Vorhang fällt langsam.

[sempre *p* al fine] **

*VI. 90⁴. Both mss. and Piano Score:. **Bat. 100 to the end. The concluding bars remain *p*. The present editor of the percussion part played on occasions under the composer and can confirm that this is what he preferred.

Morges, 19

Fin

HISTOIRE DU SOLDAT

1ère Partie.

Texte français de
C.F. RAMUZ.

Musique de
IGOR STRAWINSKY.
(1918)

Batterie.

(M.G. Mailloche)
(Md. Bag Capoc)
Tambour de Basque
Caisse claire
Gr. Cassa

INTRODUCTION
(MARCHE DU SOLDAT)

M.M. ♩ = 112
Cornet à Pistons

Grand taille sans corde

Cl.

Tamb de Basque

G.C.

Cornet

T. d. Bqu.
C. cl.
Gr. Cassa
Tumb de Bqu.

p subito

Tumb. de Bqu.

c. cl. grande taille
Gr. caisse

II
mf bag. en capoc

C. cl.
Grande taille

LE SOLDAT S'ARRÊTE.
C.cl.(sans corde) taille moyenne

Gr. Caisse

G.C.

Fin de la Musique

*) Baguette en jonc à tête de capoc.

+) Tenir dans la main droite, une baguette en jonc à tête de capoc et se servir de celle-ci pour frapper le tambour de basque et la caisse claire;
dans la main gauche, la mailloche pour frapper la grosse caisse.

××) Pour les baguettes et leur distribution comme ci-dessus.

Batterie.

2

MUSIQUE DE LA 1ère SCÈNE
TACET

MUSIQUE DE LA 2me SCÈNE
TACET

MUSIQUE DE LA 3me SCÈNE
TACET

2me Partie.

INTRODUCTION
(MARCHE DU SOLDAT)

Cornet

baguette en jonc à tête de capoc

Caisse claire sans corde
Gran Cassa

T.d Bqu.
bag. en jonc
à tête en capoc
mailloche
G.C.

p

T. d. Basque

poco più f

p sempre

p subito

C.Cl. grande taille

Cl.

II

mf bag. en capoc

Gr. caisse

J.W.C.43ª

82

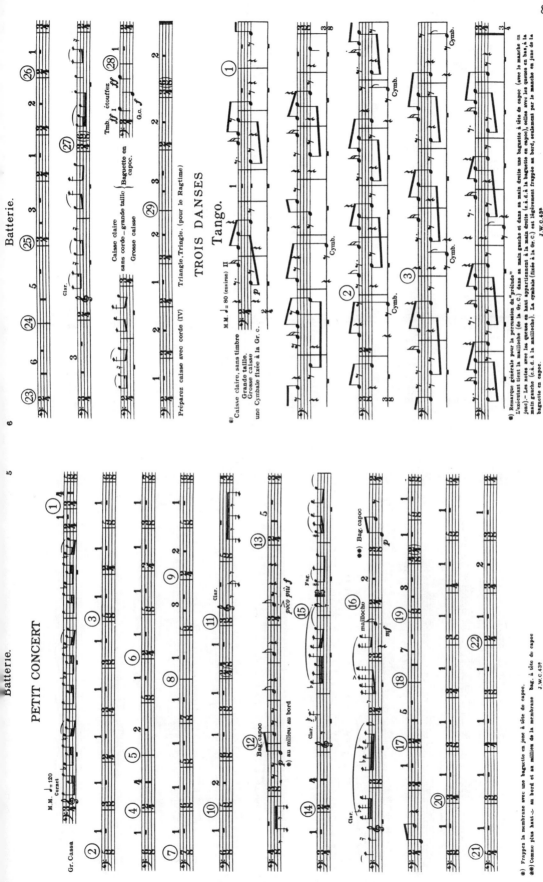

84

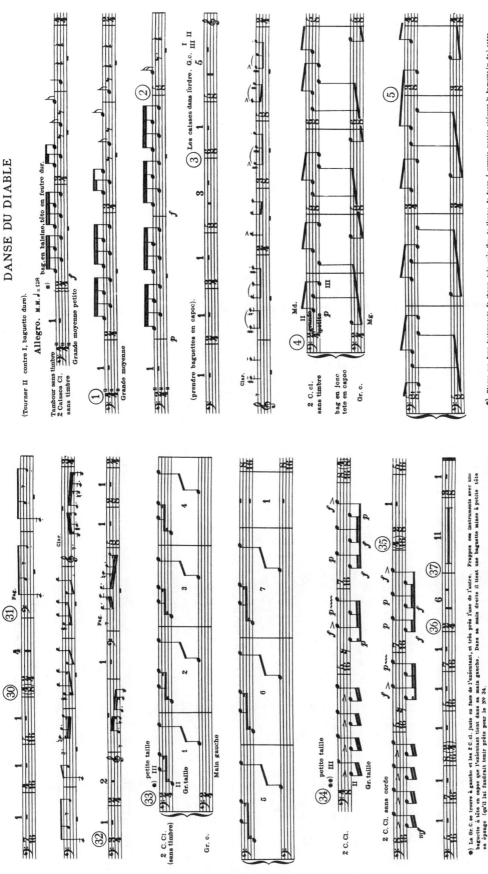

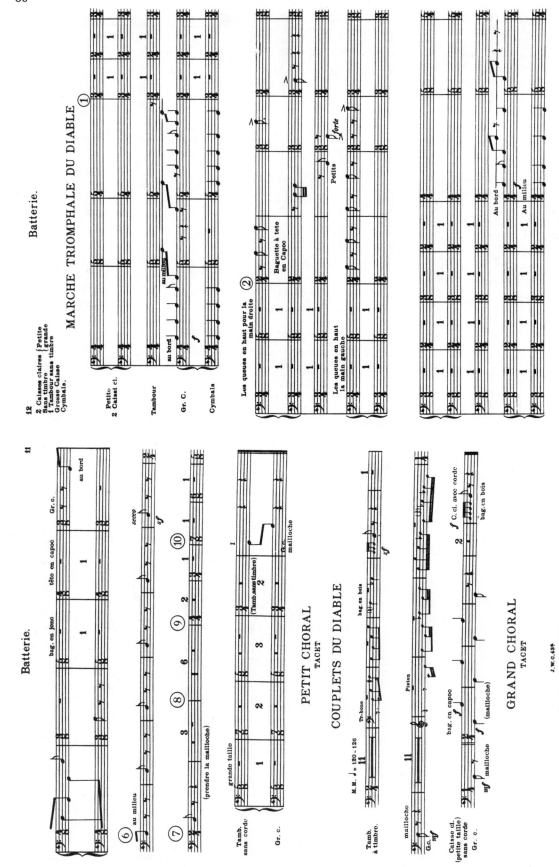

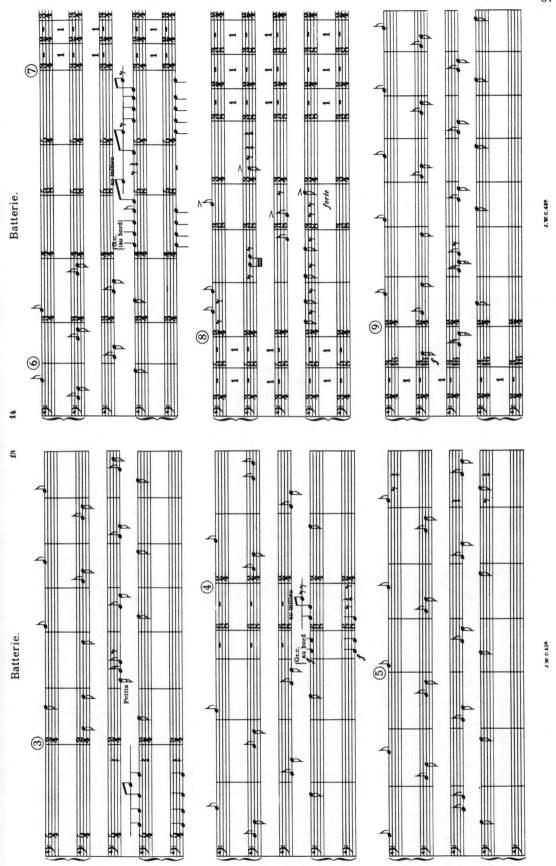

15
Batterie.
10
11
12
13
14
15
J.W.C.438

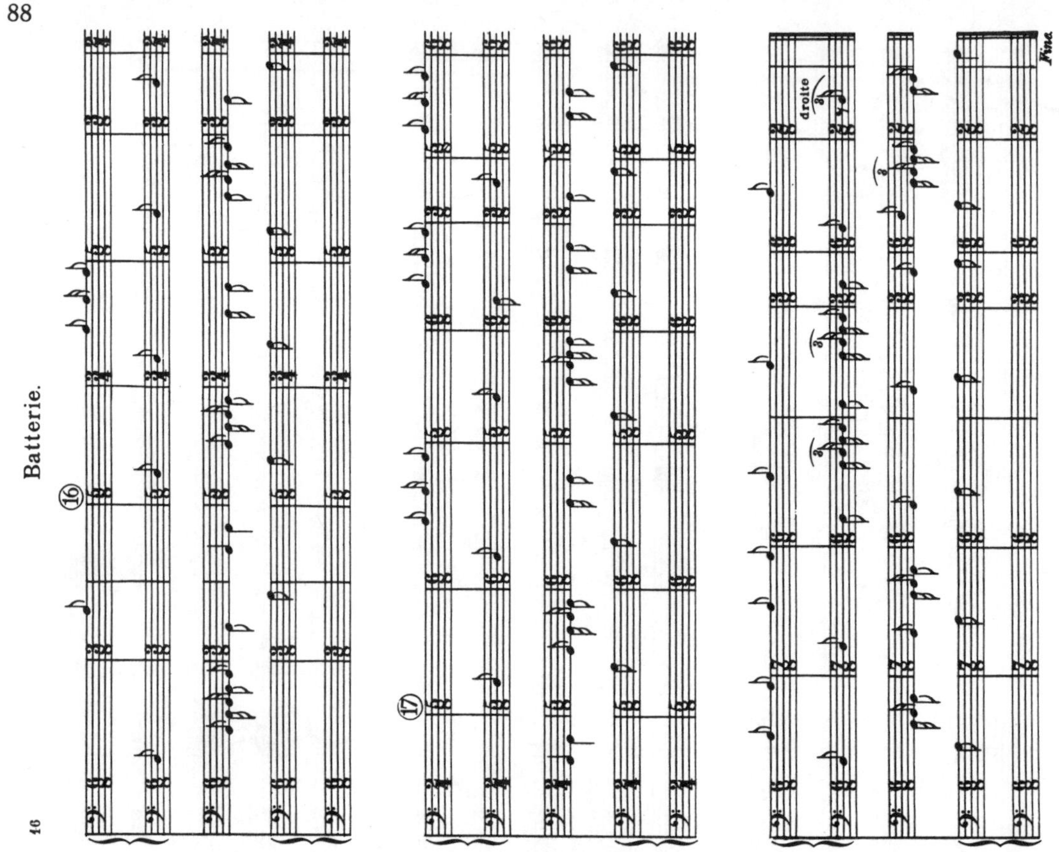
46
Batterie.
16
17
droite
Fine
J.W.C.438